# 조선시대 첫돌의례문화

선조들의 첫돌 이야기

# 조선시대 첫돌의례문화

## 선조들의 첫돌 이야기

최배영·최경희·이경란 지음

# 머리말

한 개인의 출생에서 사망에 이르는 통과의례는 모든 사회에 존재하는 인류의 보편적 의례이기는 하지만 사회구조나 문화, 그리고 시대에 따라 강조하는 의례가 다르고 절차 또한 다르게 마련이다. 우리나라도 역사에 따라 각기 조금씩 다른 규범과 절차로 통과의례가 진행되었는데 오늘날까지 우리 생활에서 행해지고 있는 통과의례는 조선시대의 영향이 크다.

통과의례는 출생의례로 시작된다. 이는 한이레, 두이레, 세이레, 백일, 첫돌 등과 같이 아기가 태어나 돌을 맞이하기까지 아기를 위한 일체의 의식과 행사를 일컫는다. 출생의례는 관혼상제의 사례(四禮)에 포함되어 있지는 않으나 관습으로 전해져 우리 민족 고유의 의례로 뿌리를 내려 왔다. 이 책에서 저자들은 출생의례 가운데 아기의 첫돌에 대해 이야기하고자 한다.

산업사회가 되면서 가정의 역할과 기능 중 많은 부분이 사회로 이관되는 현상은 자연발생적으로 나타나고 있다. 전통사회 가정 안에서 수행되었던 아기의 첫돌도 오늘날 사회화의 양상이 두드러진다. 예를 들어 첫돌의례의 복식이나 용구, 음식 등의 상품화 의존도는 매우 크다. 주거공간과 가족형태의 변화, 부모의 사회적 관계망의 확장 등은 첫돌의례와 손님접대를 위한 장소로 호텔이나 외부 음식점을 선택하는 것과 무관하지 않다. 이 때문에 아기의 첫돌은 가족에 의해 주체적으로 주관되기보다는 관련 업체들의 이해관계에 지나치게 끌려다니는 현상도 보인다.

시간의 흐름에 따라 역사도 사회도 변한다. 변화하는 역사와 더불어 의례와 같은 사회의 문물제도도 함께 변한다. 단, 아무리 사회가 달라진다 해도 의례에는 변하는 부분과 변하지 않는 부분이 있다. 외형적·표면적 제도는 시대와 더불어 달라질지라도 그 제도를 밑받침하는 내면적·본질적 요소는 달라지는 것이 아니다. 공자(孔子)도 예(禮)의 내면적 본질은 인간의 본성이 어느 시대에나 동일하기 때문에 불변하지만 외면적 형식은 시대 상황에 따라 변할 수 있다고 하였다. 이로 보면 아기의 첫돌의례 역시 가변의 형식을 취하는 것과 동시에 불변의 본질에 대한 인식이 필요함을 알 수 있다.

앞서 언급한 아기의 첫돌에 필요한 복식이나 용구, 음식 등은 의례의 외형적·표면적 형식이다. 그렇다면 그 밑바탕을 이루고 있는 내면적·본질적 의의는 무엇일까? 이 물음에 대한 해답을 찾기 위해 선조들의 첫돌 이야기를 담은 『조선시대 첫돌의례문화』를 시작하려고 한다. 이 책에서는 조선시대 문헌과 관련 자료들을 토대로 궁중(宮中)과 반가(班家)의 첫돌을 조명할 것이다. 즉, 궁중에서 행해졌던 왕실의 첫돌과 민간에서 치러진 양반집을 지칭하는 반가의 첫돌이 주축이 될 것이다.

  책의 구성으로 제1장에서는 첫돌의 의미와 역사에 대해 알아보고, 제2장에서는 옛 문헌을 통해 조선시대 궁중과 반가의 첫돌 모습을 탐색하고자 한다. 제3장에서는 첫돌 잔치를 위한 복식, 용구, 음식을 하나하나 짚어 실물로 재현하고, 제4장에서는 아기 첫돌의 례의 과정을 실물을 준비해 따라가 봄으로써 우리가 찾고자 하는 첫돌에 내재된 본질적 가치관을 재발견하고자 한다.

  이 책이 나오기까지 도움을 주신 모든 분들께 진심으로 감사의 마음을 전한다.

2010년 겨울

저자 일동

# 제1장 첫돌의 의미와 역사

본 장에서는 조선시대의 기록들을 통해

첫돌의 의미와 역사에 대해 알아보기로 한다.

# 1. 첫돌의 의미

아기가 태어난 지 만 1년이 되는 생일을 첫돌이라고 한다. 이는 아기가 처음 맞이하는 생일로 수일(晬日), 초도(初度), 주년(周年) 등으로 불러 왔다. 또한 돌은 '첫돌이다', '두 돌을 맞았다', '세 돌이 된다' 등 아기의 나이를 셈하는 말로도 쓰인다. 원래 돌이란 말 속에는 주(周), 회(回) 등과 같이 1년의 기간을 단위로 반복되는 뜻이 들어 있다.

첫돌을 뜻하는 용어 가운데 '수(晬)' 혹은 '수일(晬日)'은 1주년이 되는 첫 번째 생일을 가리킨다. 이 용어는 권근(1352~1409년)의 『양촌집』,1) 장유(1587~1638년)의 『계곡집』,2) 권상하(1641~1721

---

1) 『양촌집』은 여말선초(麗末鮮初)의 학자 양촌(陽村) 권근(權近 : 1352~1409년)의 시문집으

년)의 『한수재집』,[3] 안정복(1712~1791년)의 『순암집』,[4] 이남규 (1855~1907년)의 『수당집』[5]에 표기되어 있다.

첫돌의 또 다른 표현으로 '초도(初度)'가 있다. 이는 맨 처음 닥 치는 차례를 의미하므로 초도일(初度日)은 첫 생일을 달리 이르던 말이다. 『실록』 태종 12년(1412년) 11월 4일의 기록에는 임금의 어린 아들 종(種)의 '초도(初度)'라는 언급이 있어 조선 초기에 왕 자의 첫돌을 축하하는 의례가 존재했음을 보여 준다. 이후 정조대 에 이르러서도 '초도(初度)'라는 용어로 『실록』에 첫돌이 등장하였 고, 『국조보감』[6] 제80권 순조 28년(1828년) 기록에도 '원손초도일 (元孫初度日)'로 표기되었다. 한편 궁중에서뿐만 아니라 일반 반가 에서도 이 용어가 쓰였는데 일례로 최익현(1833~1906년)의 『면암 집』에 첫돌을 '초도(初度)'로 기록하였다.

---

로 권근의 둘째아들 도(蹈)가 세종(世宗) 초에 이를 편찬. 간행하였다.

2) 『계곡집』은 조선 중기 한문사대가(漢文四大家) 중 한 사람인 계곡(谿谷) 장유(張維: 1587~1638 년)의 시문집이다.

3) 『한수재집』은 조선 후기의 학자 권상하(權尙夏: 1641~1721년)의 시문집이다.

4) 『순암집』은 조선 후기의 실학자 안정복(安鼎福: 1712~1791년)의 유고(遺稿)를 모은 전집 이다.

5) 『수당집』은 조선 말기의 의사(義士) 이남규(1855~1907년)의 문집이다.

6) 『국조보감』은 조선시대 역대(歷代) 군주(君主)의 업적(業績) 가운데 선정(善政)을 모아 편찬 한 편년체(編年體) 사서(史書)이다.

‘주년(周年)’ 역시 첫돌을 의미한다. 이문건(1494~1567년)이 쓴 『양아록』7)을 보면 ‘숙길생일일주(淑吉生日一周)’라는 구절이 나온다. 이 구절에서 ‘일주(一周)’는 돌을 맞이했음을 뜻한다. 송시열(1607~1689년)의 『송자대전』8)과 이덕무(1741~1793년)의 『청장관전서』9)에서도 첫돌을 각각 ‘주세(周歲)’, ‘주년(周年)’으로 기록했다.

이상에서 살펴본 바와 같이 ‘수일’, ‘주년’, ‘초도’는 첫돌을 뜻하는 용어로 쓰여 왔다. 그렇다면 첫돌은 왜 행해져 왔을까? 보통의 생일과는 어떤 점에서 다른 의미를 지니는 것일까? 이에 대한 궁금증을 풀어 보기로 한다.

의학이 발달하지 못했던 과거에는 치료가 힘든 질병이 많아 아기들의 사망률이 높았다. 이로 인해 아기가 첫돌을 맞이한다는 것은 성장의 초기 과정에서 어려운 고비를 완전히 넘겼음을 상징하

---

7) 『양아록』은 할아버지인 이문건(1494~1567년)이 손자인 숙길을 양육하며 쓴 육아일기이다.

8) 『송자대전』은 조선 후기의 학자 송시열(1607~1689년)의 문집이다. 이 책명은 송시열을 공자·주자에 버금가는 성인으로 존칭하여 송자라 한 데서 비롯한 것이라고 한다.

9) 『청장관전서』는 이덕무(1741~1793년)의 저술이다. 그의 자(字)는 무관(懋官), 호(號)는 아정(雅亭)인데 이 밖에 형암(炯庵), 청장관(青莊館) 또는 동방일사(東方一士)라고도 자호(自號)하였다. 청장(青莊)은, 신천옹(信天翁)과 같이 해오라기 종류의 물새로 앞에 닥치는 먹이만을 먹고 사는 청렴한 새라고 한다. 즉, 이로써 호를 삼은 것은 청렴한 그의 성격을 상징한 것이라고 하겠다. 『청장관전서』는 이덕무의 유고(遺稿) 전부를 망라해 편찬한 것이다.

는 것이었다. 이 점에 대해 최남선(1890~1957년)은 『조선의 상식』에서 다음과 같이 언급하였다.

> 아기가 태어나 1년이 되면 아슬아슬한 위기를 대개 벗어나 든든한 장래를 기약할 수 있는 단계에 들어서게 된다. 이때 돌이라는 축하연을 베풀곤 한다. 이때쯤 아기는 앉는 것은 물론이요, 서서 거동하고 슬기와 인성이 발달한다.

'아슬아슬한 위기를 대개 벗어나'라고 표현된 것에서도 알 수 있듯이 우리 선조들은 태어나 1년 사이에 겪게 되는 질병이나 사망의 위험으로부터 벗어나 장래를 기약할 수 있게 되는 첫돌의 단계를 의미 있게 여기고 그에 상징적(象徵的) 의례(儀禮)의 가치를 부여했던 것이다.

한편 첫돌에는 아기의 신체적, 지적, 정서적 발달이 원만하게 이루어질 수 있도록 해야 한다는 교육적 가치도 포함되어 있었다. 위의 글에서 '아기는 앉는 것은 물론이요, 서서 거동'을 한다고 서술된 바와 같이 첫돌이 된 아기의 발육은 현저하게 달라지며, 자기 의사에 따라 행동하게 되고 걸음마도 가능하게 되므로 신체적 성장과 안전에 부모가 주의를 기울여야 할 때다. '돌쟁이가 떡을 돌린다'는 옛말은 첫돌이 된 아기의 성장이 비교적 빨라 대견함을 이르는 말로 아기의 신체적 건강을 중요시했던 의미를 상기하게 한다. 더불어 첫돌이 된 아기의 '슬기와 인성이 발달한다'는 최남선의 언급은 앞으로 아기가 참된 인성과 슬기로움을 갖추어 정서적으로나 지적으로 건실하게 성장할 수 있도록 부모가 세심하게 살펴야 함을 일깨우는 것이라고 하겠다.

이렇듯 출생 후 만 1년이라는 시기는 생애의 초기 단계에서 매우 중요한 의례적 성격을 지녔고, 이는 첫돌이라는 이름으로 오늘에 이르고 있다.


## 2. 첫돌의 역사

우리에게 첫돌의 역사를 말해 주는 기록을 찾아보면, 『성호사설』[10] 제12권 인사문(人事門)에 돌상을 뜻하는 수반(晬盤)에 관련하여 다음의 내용이 나온다.

---

10) 『성호사설』은 성호(星湖) 이익(1681~1762년)이 쓴 저술로 이는 천문(天文), 지리(地理)에 관한 천지문(天地門), 생활과 관련이 있는 여러 가지 사물에 대한 만물문(萬物門), 정치·제도나 사회·경제와 관련된 인사문(人事門), 역사에 관한 경사문(經史門), 시(詩)와 문장(文章)에 대한 논의인 시문문(詩文門)으로 구성되어 있다.

돌이란 곧 출생한 아기의 한 해 되는 날이다. 아기가 출생한 지 한 해가 돌아옴으로써 이러한 놀이가 있는 것인데, 이는 옛날 뽕나무 활과 쑥대 화살로써 사방을 쏘던 것과 같은 뜻이니, 이 풍속이 어느 때에 시작된 것인지는 알 수 없다. 『안씨가훈』에는 강남 풍속에 아기가 출생한 지 1년이 되면 새 옷을 마련하여 목욕을 시키고 입히는데, 남아면 화살·종이·붓을, 여아면 가위·자·실 등을 놓고, 거기에다 음식물과 보배·의복·완구 등을 더하여 아기 앞에 갖다 두고는 그 어느 것을 가질 생각을 내는가를 관찰하여 앞으로 탐하거나 청렴할 것과 어리석거나 슬기로울 것을 증험한다고 하였다.

위의 글에서 인용된 『안씨가훈』은 중국 남북조(南北朝) 시대 말에 안지추(531~591년)가 자손을 위해 저술한 교훈서인데 이처럼 아기의 돌에 관한 언급을 한 것으로 보아 과거 중국에서도 존재했을 첫돌의 역사를 유추 가능케 한다. 그러나 성호 이익은 첫돌의 역사에 대해서는 시작 시기가 분명치 않다고 밝히고 있다.

최남선(1890~1957년)도 『조선의 상식』에서 첫돌의 유래에 대해 간략히 언급하였다.

돌잡이는 아기의 첫 생일잔치에 쌀, 국수, 돈, 실, 활, 책 등을 모아 돌상을 차려 먼저 집는 것을 보며 아이의 미래를 상상하면서 생긴 풍속이다. 이 풍속은 중국에서 시아(試兒)니 시주(試周)니 하여 육조시대부터 있었는데 조선에서도 예로부터 이 잔치가 널리 행해졌고 지금도

이어져 내려오고 있다.

여기서 최남선은 중국 육조시대에서 유래된 돌의 역사를 밝힘과 동시에 조선에서도 예로부터 이것이 지속되어 온 풍속임을 언급하였다. 이로 보아 우리나라의 첫돌의례는 상당히 오래되기는 했으나 그 연원을 정확히 밝히기는 어려운 것으로 여겨지며, 중국 남북조 시대를 아우르는 육조 문화의 문헌에 등장하는 일례를 토대로 설명되고 있음을 알 수 있다.

따라서 첫돌의례가 중국으로부터 전래[11]된 것인지 혹은 우리나라에서 자생한 관행인지의 여부는 쉽게 파악되지 않는다. 더욱이 자생적인 관행이라고 했을 때에도 실제로 언제부터 첫돌의례가 시작되었는지 그 기원은 분명치 않다. 다만 앞서 첫돌과 관련된 용어의 기록에서 살펴본 바와 같이 태종조의 『실록』에 왕실의 첫돌이 제시된 것으로 보아 첫돌의례가 궁중을 중심으로 행해지기 시작했을 것으로 짐작되며, 『양촌집』이나 『양아록』의 기록을 토대로 할 때 조선 전기에 일부 반가에도 첫돌의례가 행해지다가

---

11) 조희진(1998)은 "첫돌복식의 착용양상과 통과의례적 의미"에서 첫돌이 중국으로부터 전래되었을 가능성을 고려한다면 중국의 사례(四禮), 즉 가례(家禮)를 받아들이던 시기에 함께 들어왔을 가능성도 배제할 수 없다고 보았다.

조선 후기에는 보다 보편화되면서 오랜 세월을 지나 관습으로 정착된 것으로 유추된다.

# 제2장 옛 문헌에 나타난 첫돌

본 장에서는 옛 문헌에 나타난 우리 선조들의 첫돌의 모습을 찾아
궁중과 반가로 구분해 탐색하기로 한다.

# 1. 궁중의 첫돌

『국조보감』 73권 정조 15년(1791년) 6월 조에는 궁중에서 이루어진 첫돌의 모습이 기록되어 있다.

> 원자의 돌날[初度] 온갖 장난감을 담은 소반[百玩盤]을 집복헌(集福軒)에 차려 놓고 대신(大臣)과 경재(卿宰)에게 들어와 보도록 명하였다. …… (중략) …… 신하들로부터 서리, 하례(下隸), 군졸, 거리의 백성들에게까지 떡을 내렸고, 특별히 조관(朝官)과 사서인(士庶人)으로서 유배 이하에 해당되는 죄를 지은 사람의 죄명을 씻어 주었다.

역시 같은 날의 첫돌을 기록한 『실록』 정조 15년 6월 18일의 내용을 찾아보면, 궁중에서 첫돌인 초도(初度)를 맞이한 아기는 자색 겹삼(裌衫)을 입고, 머리에는 화양건(華陽巾)[12]을 쓴 후 백완반

(百玩盤) 앞에 앉아 상 위에 놓여 있던 여러 가지 물건 가운데서 돌잡이를 하였다.

> 이날은 자전의 탄생일이며 원자의 돌[初度]이었다. 집복현(集福軒)에 갖가지 장난감을 담은 소반[百玩盤]을 차려 놓았다. 원자는 사유화양건(四斿華陽巾)을 쓰고 자라겹삼(紫羅裌衫)을 입었는데 앉은 모습이 의젓하였다. 먼저 채색 실[綵線]을 집고, 다음으로는 호시(弧矢)와 관현(管絃)을 집었다. 곧 각신과 승지들에게 들어와서 보라고 명하였다. 종실, 대신, 제신(諸臣)과 대궐에서 수직하는 낭관, 장수, 호위 군사 및 서리, 하인, 군졸과 큰 길거리에 사는 백성들에게까지 떡을 내렸다.

이때 마련된 아기의 돌상 위의 물건들을 갖가지 장난감을 의미하는 백완(百玩)이라 칭하고, 그 상을 백완반(百玩盤)이라는 재미있는 명칭으로 불렀던 것으로 보아 아기로 하여금 자유롭게 상 위의 물건을 집어서 가지고 놀 수 있도록 한 것을 알 수 있다.

이 기록에서 아기는 첫 번째로 채색 실을, 두 번째로는 활과 화살, 그리고 관현을 집었다고 했다. 상 위에 놓였던 실, 활과 화살, 관현 등은 돌잡이 용구였던 것이다. 이로 보면 아기에게는 장난감

---

12) 화양건(華陽巾)은 위(魏)나라의 위절(韋節)이 화산(華山)에 은거하면서 호를 화양자(華陽子)라 하였는데 그가 썼던 두건을 화양건이라 한 것에서 유래한다.

과 같은 돌상 위의 용구들을 마련할 때 자칫 깨지거나 위험하지 않은 견고한 재료들을 사용해서 아기가 손에 잡기 쉽도록 작은 크기로 제작했을 것이다.

한편 첫돌의 자리에는 신하들이 참석을 하여 축하를 한 모습이 등장한다 또한 궁중에 소속된 사람들은 물론 일반 백성들에게까지 떡을 하사하였다고 하여 돌떡을 돌리는 옛 풍습의 자취를 보여 준다.

오늘날에도 첫돌을 맞이한 아기에게 축복의 덕담을 해 주는 것과 마찬가지로 과거 궁중에서도 여러 신하들이 아기 원자의 첫돌을 축하하며 장래의 복을 기원한 모습이 나타난다.

『국조보감』 73권 정조 15년(1791년) 6월 조의 기록을 다시 살펴보면 신하들이 대성인의 기상을 지닌 원자가 곧 나라의 복이라는 언급을 하고 있다.

원자의 돌날[初度] 온갖 장난감을 담은 소반[百玩盤]을 집복헌(集福軒)에 차려 놓고 대신(大臣)과 경재(卿宰)에게 들어와 보도록 명하였다. 영돈녕부사 홍낙성(洪樂性)이 아뢰기를, "삼가 원자께서 입으신

의복을 보니 절검(節儉)하려는 거룩하신 뜻을 흠앙하지 않을 수 없습니다" 하니, 상이 이르기를, "의복의 길이가 3, 4세 아이와 진배없으며 놀이를 할 때면 걸음을 떼놓기도 하고 말하려고도 하니, 숙성하다고 할 만하다" 하자 신하들이 일제히 아뢰기를 "튀어나온 이마와 제왕의 용모가 참으로 대성인의 기상이니, 실로 우리 동방의 끝없는 복입니다"라고 하였다.

『실록』 순조 28년(1828년) 7월 18일의 기록에도 첫돌이 된 아기를 향해 국가의 무한한 터전이 될 것이라고 말하는 신하들의 덕담이 나온다.

대신(大臣), 각신(閣臣), 경재(卿宰)들을 경춘전(景春殿)에 불러 모았는데, 원손(元孫)이 태어난 첫돌[初度]이기 때문이었다. 여러 신하들이 둘러서서 원손의 모습을 우러러보며 축하하기를, "훌륭한 모습이 보통 사람보다 월등히 빼어나시니, 실로 우리나라 억만년 무한한 터전이 되겠습니다"라고 하였다.

다음으로 『승정원일기』[13)]에는 고종 12년(1875년) 2월 8일 첫돌을 맞이한 아기를 향해 신하들이 축원한 여러 가지의 덕담이 기록되어 있다.

---

13) 『승정원일기』는 조선시대 왕명의 출납을 맡았던 승정원이란 관청의 정7품 관원인 주서(注書)가 승정원에서 출납한 일체의 문서와 임금을 수행하면서 일어난 일들을 수록해 놓은 일종의 일기체 형식의 기록물이다.

이유원이 아뢰기를, "오늘은 바로 첫돌이라, 하정(下情)의 경축함이 오히려 작년보다 더합니다. 엎드려 아룁니다. 성상의 마음이 기쁨으로 가득하시고 자성(慈聖)께서도 기꺼워하심이 얼마나 크시겠습니까" 하고, 김병학이 아뢰기를, "오늘날 기뻐 축하하는 마음은 중외(中外)의 대소 신민들이 모두 같습니다. 나라의 형세가 공고해지고 인심이 결속되어 더더욱 억만년 무궁할 복을 맞이하게 되니, 기뻐하고 손 모아 송축함을 어찌 형용하여 아뢰겠습니까" 하고, 홍순목이 아뢰기를, "한 해 만에 총명하게 잘 자라나 이와 같이 태평하니, 지금 첫돌을 당하여 기뻐하는 군정(群情)은 팔역(八域)이 모두 같을 것입니다. 품부(稟賦)받은 것이 풍후(豐厚)하고 복록(福祿)이 성대함을 이에 미루어 헤아릴 수 있으니, 더욱 공경히 칭송하고 손 모아 축복하는 마음 간절합니다" 하고, 박규수가 아뢰기를, "신이 우러러 뵌 지 조금 오래되었는데, 엎드려 생각건대 그 사이에 모습과 기상이 점차 영특해지고 피부는 더욱 살찌고 윤택해지셨을 것입니다." …… (중략) …… 상이 이르기를, "나는 과연 자성께서 기뻐하시는 것이 기쁘다. 지난번에 하사한 떡은 모두 잘 먹었는가?" 하자, 이유원이 아뢰기를, "이미 공손히 받아 다 같이 배불리 먹었습니다. 첫돌에 떡을 베푸는 것은 곧 고사(故事)입니다"라고 하였다. 상이 좌의정에게 명하여 왕세자를 받들어 안고 나오도록 하고, 여러 신하들로 하여금 모두 보게 하였다. 김병학이 아뢰기를, "신은 지금 처음 우러러 뵈었습니다" 하니, 상이 이르기를, "그러한가. 우상(右相)은 지난번에 잠깐 보았다. 요즘에는 능히 아비 어미를 부를 줄 알고 혹 팔을 들어 붓을 놀려 글자를 쓰기도 한다" 하자, 이유원이 아뢰기를, "이와 같이 빨리 자라시니 더욱 기쁘기 짝이 없습니다" 하고, 김병학이 아뢰기를, "이미 혼자 놀 때부터 붓을 가지고 글씨 쓰는 흉내를 내시니, 곧 하늘이 내려 주셨기 때문에 그러한 것이라 뒷날 학문을 좋아할 것을 우러러 헤아릴 수 있습니다"라고 하였다. 상이 이르기를, "항상 밖에 나가고자 하고 또 밝은 쪽을 향하기를 좋아한다" 하니, 이유원이 아뢰기를, "양기(陽氣)를 받았기 때문에 밝은 곳을 향하기 좋아하시는 것입니다" 하고, 김병학이 아뢰기를, "날씨가 온화할 때는 밝은 곳에서 바람을 쏘이시는 것도 좋습니다" 하고, 이유원이 아뢰기를, "자표(姿表)가 근래 더욱 품격이 있어지셨습니다" 하고, 홍순목이 아뢰기를, "침골(枕骨)이 더욱 묵직해지셨습니다"라고 하였다.

위의 내용을 간추려 보면 궁중에서 아기 왕세자를 위한 축원의 첫돌 덕담은 첫째 왕세자로서 타고난 기상과 품격을 갖추기를 바라고, 둘째 총명함과 영특함이 있어 앞으로 학문을 좋아할 것을 헤아리며, 셋째 양기(陽氣)를 받아 항상 건강한 복록을 누리기를 바라는 마음을 담았던 것이다.


# 2. 반가의 첫돌

반가의 첫돌에 관해서는 조선시대 학자들의 문집에 의거하여 살펴보기로 한다. 먼저 권근의 『양촌집』에 기록된 한 편의 시(詩)를 통해 조선 전기에 반가에서도 아기의 첫돌 잔치가 행해졌음을 알게 된다. 이 시는 권근이 둘째 아들 도(蹈)[14]의 돌을 회상하며 쓴 것이다.

〈금동을 생각하다〉 바로 도(蹈)인데 지난 6월 1일에 태어났다.
지난해 네가 처음 태어났기에
돌날엔 나도 집에 갔었더니라.
재롱이 눈에 삼삼 어제 같으니
…… (이하 생략) ……

　다음으로 첫돌에 행하는 돌잡이의 내용이 기록된 『양아록』을
통해 상황을 좀 더 구체적으로 그려 보기로 한다.

　임자년 정월 5일 숙길이 태어난 지 일주년이 되었다. 잡구(雜具)를
진열하여 놓고 손으로 무엇을 집는가 보는 것은 고인(古人)들이 모두
이와 같은 일을 했기 때문이다. 이에 절구(絶句) 5수를 지어 집은 것
에 대해 읊고 겸하여 송수의 뜻을 나타낸다.

　첫 번째는 필묵을 집다.

　첫돌 되어 장난감 높이 쌓아 놓고 시험해 보는데,
기어 와 살펴보더니 붓과 먹을 집어 드네.
소리 지르며 참으로 한참을 가지고 노는 걸 보니,

---

14) 권근의 아들인 권제(1387～1445년)는 고려 말에서 조선 초까지의 문신 겸 학자이다. 도(蹈)
　　는 그의 초명(初名)이다. 『고려사』의 수찬에 참여했으며, 이어 좌참찬을 거쳐 우찬성이 되어
　　정인지, 안지 등과 더불어 『용비어천가』를 지어 바쳤다. 이 책에 제시한 시(詩)에서 '금동'은
　　아명(兒名)으로 보인다.

뒷날 진실로 문장을 업으로 삼을 아이가 되려나 보다.

두 번째는 투환(套環)을 집다.

집에 전하는 옥 가운데 금으로 가를 두르고 안으로 장식을 한 것이다.

금과 옥으로 장식한 보배로운 관대(冠帶),
집어 들고 한참을 세세히 살펴보네.
은근히 바라노니 너는 마침에 덕을 이루고,
온윤(溫潤), 순강(純剛)하여 성인(聖人)과 더불어 짝하라.

세 번째는 활을 집다.

남자는 태어나서 사방(四方)에 뜻을 두어야 하는데,
문모(文謀)와 무략(武略)에 모두 빼어나야 할 것이다.
활을 잡고 육예(六藝)에 노는 것은 참으로 너의 일일지니,
도(道)를 배움에 당기고 펼침이 필요하나 강건함이 귀하단다.

네 번째는 쌀을 움켜잡다.

장난감 놀이 좀 쉬더니 다시 쌀을 끌어당겨,
손으로 움켜 입에 털어 넣고 두서너 번 맛을 보네.
백성들의 명맥 진정 곡식에 달려 있으며,
도(道)를 맡음에 자신이 모름지기 강건해야 하리라.

다섯 번째는 인장(印章)을 집다.

네모나게 나무를 깎아 인장을 새겨 놓고,
시험 삼아 보니 관직 맡을 상서로운 징조 있구나.
이것저것 두루 고르다 마침내 인장을 집어 드니,
모름지기 어진 신하 되어 성왕(聖王)을 보좌하라.

위의 글에서 돌잡이는 옛사람들로부터 행하여 이어져 온 첫돌의 주요 행사로 반영된다. 『양아록』의 저자 이문건의 손자였던 숙길은 임자년(1552년)에 첫돌이 되어 돌상 위에 놓여 있던 여러 물건 중 필묵, 투환, 활, 쌀, 인장 등을 집었는데 그 각각에 의미가 부여되었다.

필묵은 문장이 뛰어나기를, 투환은 덕을 이루어 성인이 되기를, 활은 무예에 뛰어나고 강인하기를, 쌀은 강건하게 자라기를, 인장은 어진 신하가 되기를 바라는 축원과 송수의 뜻을 담았던 것이다.

『현풍곽씨언간』[15])의 편지글 속에도 아기가 돌잡이를 하면서 무엇을 집었는가를 궁금해하며 묻는 내용이 나온다.

---

15) 『현풍곽씨언간』은 17세기 초 경상도 현풍 소례 마을에서 살았던 곽주(1569~1617년)와 그 가족들이 쓴 편지글이다. 이 책에는 곽주와 그의 가족들, 그리고 주변의 친지들과 노복 등 여러 사람들의 이야기가 나오며, 이들의 생활 모습이 다양하게 그려져 있다.

요사이 아이들 데리고 어찌 계신고. 기별 몰라 걱정하네. 대임이는
어제 생일에 무엇을 집던고. 기별 몰라 더욱 잊지 못하여하네.

위의 글에서는 첫돌 잔치에 함께하지 못했음을 아쉬워하며 아
기 대임이의 성장에 깊은 관심을 지닌 아버지의 사랑과 그리움이
표현되고 있다.

다음에 제시하는 『한수재집』에도 돌잡이에 관한 내용이 나타나
고 있다.

첫돌[晬日]에 놀이 기구를 섞어 놓으니 다른 것은 돌아보지도 않고
유독 경문과 붓을 가지고서 글을 읽고 글자를 쓰는 모습을 하니, 옆에
서 보던 사람들이 놀라며 기이하게 여겼다.

위의 내용은 『한수재집』에 실린 최수회(崔壽會)라는 학자의 행
장(行狀)을 기록한 것이다. 이 글에 제시된 바와 같이 돌잡이를 할
때부터 책과 붓을 잡아 글을 읽고 글자를 쓰는 모습을 따라 흉내
내어 주위 사람들을 놀라게 했던 최수회는 성장하여 뛰어난 문장
가로 이름을 떨쳤으며, 명경과(明經科)에 급제하여 낭서(郎署)로 직
책을 역임하다가 후에 음죽현감(陰竹縣監)이 되었다.

다음으로 앞에서 소개한 『성호사설』 제12권 인사문(人事門) 수반(晬盤)의 내용을 다시 자세히 살펴보기로 한다.

> 돌이란 곧 출생한 아이의 한 해가 되는 날이다. 아이가 출생한 지 한 해가 돌아옴으로써 이러한 놀이가 있는 것인데, 이는 옛날 뽕나무 활과 쑥대 화살로써 사방을 쏘던 것과 같은 뜻이니, 이 풍속이 어느 때에 시작된 것인지는 알 수 없다. 『안씨가훈』에는 강남 풍속에 아이가 출생한 지 1년이 되면 새 옷을 마련하여 목욕을 시키고 입히는데, 남아면 화살·종이·붓을, 여아면 가위·자·실 등을 사용하고, 거기에다 음식물과 보배·의복·완구 등을 더하여 아이 앞에 갖다 두고는, 그 어느 것을 가질 생각을 내는가를 관찰하여 앞으로 탐하거나 청렴할 것과 어리석거나 슬기로울 것을 증험한다. 이것을 이르되 시아(試兒)라 한다. 친가와 외가가 한데 모여서 향연을 베푼다고 하였다.

『안씨가훈』에 따르면 아기가 태어난 지 만 1년이 되는 돌에는 수반(晬盤)이라고 하는 돌잔치의 소반이 준비되었으며, 이 소반 위에는 음식, 보배, 의복, 완구 등이 놓였다. 또한 남아와 여아를 구분하여 남아의 돌에는 화살·종이·붓을, 여아의 돌에는 가위·자·실 등을 놓았다. 여기서 남아의 돌상에 놓는 화살·종이·붓 등은 장래에 무예와 문장에 능한 사람이 되기를 바라는 뜻이, 여아의 가위·자·실 등은 바느질 솜씨가 뛰어나기를 바라는 뜻이 담긴 돌잡이 용구였음을 알 수 있다.

한편 이익이 언급한 뽕나무 활과 쑥대 화살은 『예기』 내칙(內則)편의 '國君世子生 射人以桑弧蓬矢六 射天地四方'을 인용한 것으로 이는 곧 남아를 얻게 된 것을 축하하기 위한 의례였다. 여기서 화살을 천지와 사방으로 쏘는 의미는 『예기』 사의(射義)편에 보면 '天地四方者 男子之所有事也' 즉 천지사방은 남자의 일이 있는 곳이므로 멀리까지 뜻을 펴라는 뜻에서 아기의 장래를 축원하는 것이었다.

이렇듯 수반 위의 음식과 용구들을 마련하여 그 가운데 아기가 집게 되는 것을 보고 아기의 장래를 예견한다고 하여 시아(試兒)라고 불렀고 이는 결국 아기의 성장에 있어 건실하고 복된 삶을 바라는 의미를 지녔던 것이다.

최남선(1890~1957년)도 『조선의 상식』에서 돌잡이에 대해 다음과 같은 견해를 밝힌 바 있다.

> 아기가 태어나서 1년이 되면…… 돌이라는 축하연을 베풀곤 한다.
> …… 그러면서 어른들이 온갖 물건들을 벌여 놓고 그 생각을 흉내 내곤 하니 여기에서 착안한 것이 바로 돌잡이다. 돌잡이는 아기의 첫 생일잔치에 쌀, 국수, 돈, 실, 활, 책 등을 모아 돌상을 차려 먼저 집는

것을 보며 아이의 미래를 상상하면서 생긴 풍속이다.

　이 글에도 나타나 있듯이 아기의 첫돌에 행해지는 돌잡이를 위한 상(床)은 아기의 행복한 미래를 상상하는 어른들의 바람과 기원이 담긴 상차림이었다고 하겠다. 그러므로 무엇보다 아기를 위하고 사랑하는 마음을 담아 용구들을 정성껏 마련했을 것이다.

　이러한 마음을 반영하듯 다음의 내용은 아버지가 사랑을 담아 직접 쓴 글자 책을 돌상 위에 놓아 주고 아이가 자라면서 그 책으로 글을 배우게 되었음을 보여 준다.

> 　내(이덕무)가 태어난 첫돌[周年]에 아버지가 손수 천지(天地) 등의 글자 수백 자를 써서 돌잔치에 놓았었다. 말을 배움에 이르러 조금씩 나아가 이제 나이가 장성하여 글자를 조금씩 알게 된 것은 그러한 근거가 있어서이다. 어린 동생 정대가 태어난 첫돌에 아버지가 다시 손수 써서 주니, 이는 내(이덕무)가 글자를 조금씩 알아 가기를 바라는 사랑의 마음에서였던 것처럼, 또한 정대를 사랑하는 마음에서이다. 이제 정대의 나이 5세이니 배울 수 있다. 너의 형도 그 나이에 배웠었다. 신사년 6월 5일에 쓴다.

　이는 『청장관전서』 제4권에 기록된 이덕무의 글 가운데 하나로 그의 동생(정대)이 배우는 자권(字卷) 끝에 이덕무가 써 놓은 것이다. 이 같은 내용을 보면 아버지가 직접 쓴 글자 책은 그 어떤 책보다도 교육적인 의미가 컸으리라 생각된다. 즉, 돌상에서 아버지가 쓴 글자 책을 받은 아기는 성장하면서 이를 본(本)으로 삼아 글자 하나하나는 물론 그것에 담긴 좋은 필체도 익히게 되었을 것이며 무엇보다 아버지의 사랑을 오랫동안 간직하고 느낄 수 있었을 것이다.

# 제3장 첫돌 잔치의 준비

앞서 살펴본 제2장 옛 문헌에 나타난 첫돌의 내용이 남성들에 의한

기록을 토대로 하였다면,

제3장 첫돌 잔치의 준비는 아기를 위해 복식, 돌잡이 용구, 음식 등을

마련한 여성들의 솜씨가 좀 더 많이 묻어나는 이야기가 될 것이다.

# 1. 복식

본 절에서는 궁중과 반가의 첫돌복식을 구분하고 이를 다시 남녀별로 제시하기로 한다. 오늘날에는 아기의 돌복식을 구입해서 입히는 경우가 많으므로 각각의 특징을 알아 두면 유용한 정보로 활용할 수 있을 것이다.

## 1) 궁중의 첫돌복식

궁중의 복식 관련 기록은 각종 의궤와 발기에서 찾아볼 수 있다. 의궤는 궁중에서 시행된 주요 행사의 내용을 기록한 것이며, 발기는 궁중 안에서 통용되었던 물품 목록을 적은 문서이다. 이

밖에도 조선 말기의 궁중 유물이나 사진이 돌복식을 연구하는 데 좋은 자료가 된다.

여기에서는 궁중의 첫돌복식에 관련하여 무술년 구월 왕자 아기씨의 돌 생신 의복 발기, 구(玖) 왕자의 돌 의대목록, 덕혜옹주의 돌 사진과 딸 정혜아기의 돌 의복 연구 및 사진 자료를 통해 살펴보기로 한다.

## (1) 무술년 구월 왕자 아기씨 돌 생신 의복 발기

무술년(1898년) 구월 의복 발기(그림 1)에는 첫돌을 맞이한 왕자 곧 영왕(英王: 1897~1970년)의 돌복식이 기록되어 있다.

복식의 종류로는 쓰개류 1점, 포류 3점, 배자류 1점, 저고리류 3점, 바지류 3점이 있고 이 외에 천의 1점, 행전 2점(1쌍), 오목이 2켤레가 있다.

품목별로 살펴보면 쓰개류인 복건은 아청색으로 옥판과 석웅황을 달아 장식했다. 이때 복건에서 '구(具)'라는 표현은 갖춘다는 의미로 옥판과 석웅황[16]을 갖추어 장식하는 것을 뜻한다.

포(袍)로는 남송색 사계삼(사규삼)[17] 1점, 분홍색 잔누비주의 1점, 양남색 쾌자 1점이 제시되었다. 여기서 주의(두루마기)와 쾌자(전복)는 일작(一作)으로 주의 위에 쾌자를 입혔다(그림 2).

배자로는 양남색 잔누비배자가 1점으로 나타났다. 이는 저고리 위에 입히는 것이다.

저고리는 분홍색 잔누비동의복 1점, 두록색 동다리잔누비동의복 1점, 옥색 민동의복 1점이 제시되었다. 명칭 가운데 동의복은 저고리의 별칭이며, 동다리(동달이)저고리[18]는 소매와 길의 색을 달리해서 만든 것이다.

---

16) 석웅황은 살균작용에 효과가 있는 광석이다. 벌레를 없애며, 복통을 개선한다. 또한 부스럼이나 뱀에게 물렸을 때 증상 완화에 효능이 있으며, 나쁜 기운을 없앤다고 한다. 이는 신부의 도투락댕기 장식으로도 활용되었다.

17) 사계삼은 일명 사규삼으로도 지칭된다. 궁중의 아기용 사계삼은 의복 관련 기록에 제시된 남송색이나 초록색 외에도 영왕(英王)이 착용했던 분홍색 사계삼이 유물로 남아 있다.

18) 박성실(2000)은 민간에서 돌복식으로 색동옷이 상징되었던 것과 마찬가지로 궁중에서는 동다리저고리가 색동옷으로 취급되었다고 보았다.

| 아청 | 인문사 | 복건 | 옥판, 석웅황 구 |
|---|---|---|---|
| 남송 | 숙갑사 | 사계삼 | |
| 양남 | 별문갑사 | 쾌자 | 일작 |
| 분홍 | 장원주 | 잔누비주의 | |
| 분홍 | 삼팔주 | 잔누비동의복 | |
| 양남 | 숙갑사 | 잔누비배자 | |
| 두록 | 장원주 | 동다리잔누비동의복 | |
| 옥색 | 수화주 | 민동의복 | |
| 백 | 삼팔주 | 잔누비바지 | |
| 백 | 서양사 | 잔누비바지 | |
| 백 | 삼팔주 | 쟁민바지 | |
| 자적 | 수화주 | 누비천의 | |
| | 저포 | 행전 | 이 |
| | | 오목이 | 이켜리 |

〈그림 1〉 무술년 구월 왕자 아기씨 돌 생신 의복발기

자료:『한국전통어린이복식』

〈그림 2〉 주의와 쾌자를 입은 영왕(英王)의 차남 구(玖)

의복 발기에서 바지는 3점 모두 백색으로 나타나는 특징이 있다. 즉, 백색 잔누비바지 2점, 백색 쟁민바지 1점이다. 이렇듯 바지를 백색으로 하는 것은 아기가 아직 기저귀를 차기 때문에 자주 갈아입히고 빨아야 하는 실용적인 면을 감안한 듯하다. 이는 잔누비바지와 쟁민바지가 포함된 것에서도 알 수 있다. 여기서 잔누비바지는 통째로 빨아 입힐 수 있도록 누벼서 만든 것이므로 자주 빨아야 하는 아기용으로 매우 적합하다. 쟁민바지는 재양(載陽)한 민바지로 재양(쟁)은 명주를 빤 뒤 풀을 먹여 반반하게 펴서 말리거나 다리는 일을 뜻한다.

이외에 자적색 누비천의 1점, 행전 2점(1쌍)이 있고, 오목이 2켤레가 있다. 오목이는 누비어 지은 아기용 버선으로 앞에는 상모를 달고 목에는 대님을 단다. 이를 오목다리라고도 부른다.

이들 돌복식의 옷감에 있어 복건·사계삼·쾌자·배자는 사(紗)로, 저고리·주의·천의는 주(紬)로, 바지는 사(紗) 혹은 주(紬)로, 행전은 저포(紵布)로 되어 있어 아기의 피부에 직접적으로 닿는 저고리와 바지는 보다 부드러운 감을 사용했음을 알 수 있다. 또한 음력 9월이라는 시기에 맞추어 바지, 저고리, 배자, 주의 등에는 잔누비를 적용한 것으로 보인다.

(2) 소화 7년 12월 구(玖) 왕자의 돌 의대목록

소화 7년(1932년) 12월에 기록된 발기 형태의 자료인 의대목록
은 영왕(英王)의 차남 구(玖: 1931~2005년) 왕자의 돌복식에 관한
것이다.

종류를 구분해 보면 쓰개류 2점, 대류 4점, 포류 7점, 조끼류 1
점, 배자류 1점, 저고리류 2점, 바지류 2점이 있고, 이외에 규 1점,
태사혜 1점, 허자(화자) 1점, 행전 2점(1쌍), 족건 2점(1쌍), 수낭 1
점이 제시되었다.

품목별(그림 3, 그림 4, 그림 5)로 살펴보면 먼저 쓰개로는 공정
책 1점과 부금을 한 아청색 복건 1점이 포함되어 있다. 이 중 공
정책(空頂幘)은 상부(上部)에 도금한 계(비녀)를 꽂고 정면에는 금이
나 옥 장식을 붙인 관모이다.

포에 해당하는 것으로는 자적색 용포 1점, 홍색 내작 1점, 부금
한 초록색 사계삼(斜襇衫) 1점, 다홍색 창의내작 1점, 부금한 남색
쾌자(전복) 1점, 회아색 주의 1점, 분홍색 겹주의 1점이 제시되었다.

| | | 공정책 | 일 |
|---|---|---|---|
| 아청 | 별문단 | 부금복건 | 일 |
| 백 | | 옥규 | 일 |
| 백옥 | | 옥대 | 일 |
| 자적 | 도류단 | 용포 | 일작 |
| 홍 | 운문숙사 | 내작 | |
| 분홍 | | 술띠 | 일 |
| 초록 | 대화단 | 부금사계삼 | 일작 |
| 다홍 | 대화단 | 창의내작 | |
| 다홍 | 대화단 | 부금전대 | 일 |
| 남 | 자손수 | 부금쾌자 | 일 |
| 회아 | 대화단 | 주의 | 일 |
| 분홍 | 별문숙사 | 겹주의 | 일 |
| 남송 | 색동 | 부금동배자 | 일 |
| 남 | 자손수 | 부금족기 | 일 |
| 분홍 | 별문우이중 | 동의대 | 일 |
| 남송길 다홍동 | 우이중 | 누비동의대 | 일 |
| 백 | 숙수 | 봉지 | 일 |
| 백 | 별문우이중 | 누비봉지 | 일 |
| 남 | 숙수 | 조대 | 일 |
| 다홍 | | 수낭 | 일 |
| 백 | 세저 | 행전 | 이 |
| | 수 | 족건 | 이 |
| | | 태사혜 | 일 |
| | | 허자 | 일 |

〈그림 3〉 소화 7년 12월 구(玖) 왕자의 돌 의대목록

자료: 『한국전통어린이복식』

〈그림 4〉 용포를 입은 고종(高宗)의 왕자 육(堉)

▲ 복건           ▲ 사계삼

▲ 쾌자           ▲ 전대

▲ 누비동의대        ▲ 누비봉지

자료: 『영친왕일가복식』

〈그림 5〉 의대목록의 왕자 복식

여기서 용포와 내작, 사계삼과 창의 내작은 각기 일작으로, 즉 쌍을 이룬다. 대는 백옥대 1점, 분홍색 술띠 1점, 부금한 다홍색 전대 1점, 남색 조대 1점이 기록되었다.

저고리는 분홍색 동의대 1점, 남송색 길과 다홍색 소매로 된 누 비동의대 1점이, 바지는 백색 봉지(바지) 1점, 백색 누비봉지(누비 바지) 1점이 포함되어 있다.

남색 조끼에는 부금을 하였으며, 색동 소매가 달린 남송색동배 자[19]에도 역시 부금을 하였다.

그 밖에 백옥으로 된 규 1점, 백색 행전 2점(1쌍), 수를 놓은 족 건(버선) 2점(1켤레), 다홍색 수주머니 1점이 있으며, 신으로는 허 자(화자) 1점, 태사혜 1점이 제시되었다.

이들 구(玖) 왕자의 돌복식을 앞서 살펴본 부왕(父王)인 영왕(英 王)의 것과 비교해 보면 다음과 같다.

---

19) 박성실(2000)은 영왕가 유물 기증품을 토대로 색동배자를 남송색 길에 색동으로 된 소매가 달린 배자로 유추했다. 색동은 소매(동)를 여러 가지 색의 옷감으로 아름답게 배색한 것을 의 미한다.

첫째, 품목에 있어 구(玖) 왕자의 경우에는 공정책, 백옥규, 백옥대, 자적용포, 화자 등 왕자의 복식 일습이 부속제구까지 갖추어져 있다. 또한 남색 족기[20](조끼)와 색동배자가 등장한 것도 다른 점이다. 이를 제외하고 복건, 사계삼, 주의, 쾌자, 배자, 저고리, 바지, 버선 등 기본적인 돌복식의 품목은 앞서 살펴본 영왕의 것과 유사하다.

둘째, 복식에 사용된 옷감으로는 음력 12월에 치르는 아기의 돌인 점을 감안하여 용포는 도류단으로, 사계삼·창의 내작·주의 등은 대화단으로, 저고리와 바지는 우이중과 같은 도톰한 직물이 사용되었다.

셋째, 복식 제작에 있어 금의 사용이 기록되어 있다. 예를 들어 복건, 사계삼, 전대, 쾌자, 배자, 조끼 등에 부금을 한 점이 나타난다. 또한 세부적인 기록과 유물을 살펴보면 다홍색 수주머니의 매듭에는 순금으로 만든 거북[21] 1마리, 사자[22] 1쌍, 고두쇠[23] 1쌍,

---

20) 신유진(2003)은 근대 이후 서구복식의 영향을 받아 유래된 조끼를 저고리 위에 입어 배자의 역할을 대신하면서 배자는 점차 사라지게 되었다고 보았다.
21) 거북은 십장생(十長生)의 하나로 장수를 누리는 동물로 여겨져 왔다. 이러한 거북 형태는 장신구나 장식품에 많이 이용되었다.
22) 사자는 길상(吉祥)과 벽사(辟邪)의 상징이다.

천도방울²⁴⁾ 1쌍, 괴불²⁵⁾ 3개가 달려 있다. 또한 수주머니에는 오색실로 바위, 파도, 불로초,²⁶⁾ 연꽃,²⁷⁾ 원앙새²⁸⁾를 수놓고, 금사(金絲)로 가장자리를 두르고 수자문(壽字紋)을 넣었다(그림 6).

여기서 주머니에 사용된 문양과 장식들을 보면 사자, 고두쇠, 괴불 등이 아기에게 올 수 있는 위험을 막아 주고 거북, 천도, 연꽃, 불로초 등이 아기의 장수와 복된 삶을 누리기를 바라는 의미를 담았음을 알 수 있다.

---

23) 고두쇠는 수명이 길어지라고 금이나 은으로 만들어 아기의 주머니 매듭에 매달아 주었다. 주머니 매듭에 달린 고두쇠는 고사리의 끝 순 모양을 하고 있는데 고리가 달리는 부분은 학의 목처럼 휘어져 있고 그 끝은 연꽃봉오리가 매달린 것처럼 보인다. 구(玖) 왕자의 첫돌 때 마련되었던 다홍색 주머니의 매듭에 달린 고두쇠에는 '수명'과 '장수'라고 음각이 되어 있다.

24) 천도는 하늘에서 나는 복숭아라고 하여 장수와 관계된 과일로 여겨져 왔다. 천도형태의 방울 1쌍을 아기 주머니 매듭에 단 것은 소리가 나는 실용성을 감안한 듯하다.

25) 괴불은 삼각형의 배부른 형태로 나쁜 기운을 막아 주는 벽사의 의미를 지닌다.

26) 바위, 파도, 불로초는 모두 십장생에 포함되는 것으로 영원과 장수의 뜻을 지닌다.

27) 연꽃은 진흙 속에 피어 있으면서도 더럽혀지지 않고 한여름에 가득 피어 청향(淸香)의 기품을 지녀 신성함과 길복(吉福)을 상징한다.

28) 원앙은 부부의 해로를 의미하면서 가정의 화락(和樂) 곧 화평과 즐거움을 기원하는 의미이다.

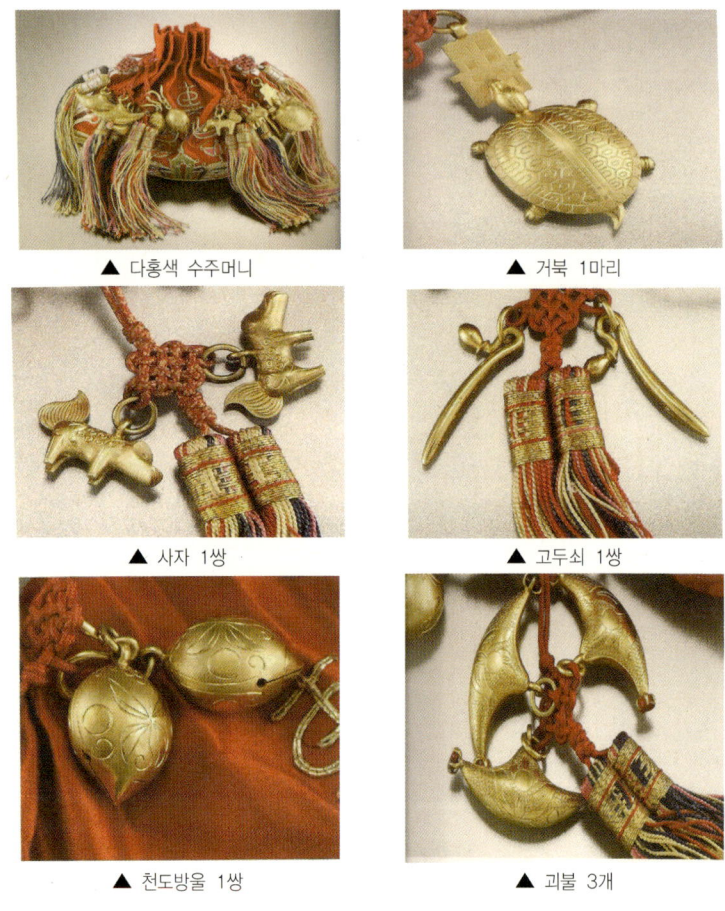

▲ 다홍색 수주머니　　　　▲ 거북 1마리

▲ 사자 1쌍　　　　▲ 고두쇠 1쌍

▲ 천도방울 1쌍　　　　▲ 괴불 3개

자료: 『영친왕일가복식』

〈그림 6〉 아기용 다홍색 수주머니와 장식

(3) 덕혜옹주와 정혜아기 돌복식

덕혜옹주(1912~1989년)는 고종의 후궁이었던 귀인 양씨의 소생이며, 정혜아기는 덕혜옹주의 외동딸로 1932년 8월에 태어났다. 일본문화여자대학 복식박물관에는 덕혜옹주의 돌 사진과 정혜아기의 돌복식 유물이 남아 있다.

먼저 덕혜옹주의 돌 사진을 보면 옹주는 금박을 한 스란치마와 소매 끝에 흰색 거들지를 단 수복자(壽福字) 당의를 입고 머리에는 화관을 쓰고 있다(그림 7).

자료: 『조선조 궁중풍속연구』

〈그림 7〉 덕혜옹주의 돌 사진

정혜아기의 돌복식 유물(그림 8)로는 연두색 칠보문사 당의, 다홍색 생고사 스란치마, 노란색 모본단 색동저고리, 연두색 모본단 색동두루마기(색동소매, 연두색 길, 노란색 섶, 다홍색의 무·깃·고름), 분홍색 법단 풍차바지, 다홍색 치마, 분홍색 모본단 민저고리, 노란색 우이중 단속곳, 타래버선, 신 등이 있다.

이 중 저고리와 두루마기를 만든 모본단은 짜임이 곱고 윤이 나며 무늬가 아름답고, 풍차바지를 만든 법단은 모본단보다 무늬가 잘고 감촉이 매우 부드러운 특징이 있다.

▲ 연두색 당의

▲ 색동저고리

▲ 홍색 스란치마

▲ 색동두루마기

▲ 노란색 단속곳

자료:『한국전통어린이복식』

〈그림 8〉 정혜아기 돌복식

## 2) 반가의 첫돌복식

1900년대 초 모습을 반영하는 사진이나 유물에 의거하면 반가의 첫돌복식에서도 색깔 있는 옷감이 사용되었다. 남아와 여아의 첫돌복식은 구분되었으며, 머리쓰개부터 신발까지를 갖춘 어른스러운 복장으로 성장을 하였다.

본 절에서는 국립문화재연구소(1998)의 『침선장』, 석주선기념박물관(2000)의 『한국전통어린이복식』을 참고로 반가의 첫돌복식을 재현하여 실물로 제시하였다.

### (1) 남아의 복식

① 저고리

아기 저고리(그림 9, 그림 10)의 모양은 성인의 것과 비슷한데 저고리의 긴 고름을 돌띠로 만드는 것은 차이가 있다.

저고리는 궁중과 반가 모두 긴 고름을 만들어 달았는데 이를 한 바퀴 돌려 가슴 앞에서 매면 움직임이 많은 아기에게 적합하다. 또한 저고리의 고름을 돌띠로 길게 하여 한 바퀴 돌려 매는 것은 장수를 기원하는 것이기도 하다. 반가의 저고리는 궁중과 유사하게 옥색이나 분홍색을 주로 하며 고름은 대개 남색이나 저고리와 같은 색으로 한다. 봄·가을에는 숙고사나 국사, 여름은 생고사, 겨울은 양단으로 만든다.

② 풍차바지

풍차바지(그림 9, 그림 10)는 밑이 트이고 뒤로 여미도록 되어 있어 아기의 기저귀를 갈기에 편한 형태이다.

풍차바지의 색은 백색을 주로 했던 궁중과는 달리 반가에서는 옥색, 분홍색, 보라색 등으로 만드는데 저고리와 같은 옷감을 사용하고 빛깔만 다르게 한다. 이처럼 반가에서 첫돌에 입는 풍차바지를 색이 있는 옷감으로 지었던 것은 평상시에 입는 백색보다 예복으로서의 성격이 강했던 것으로 유추된다.

풍차바지에는 조끼허리를 달아 주어 흘러내리지 않아 걸음마를 하는 아기가 활동하기에 좋도록 하였다. 남아의 풍차바지에는 남색 대님을 만들어 부착해 둔다.

〈그림 9〉 바지와 저고리 착용 앞모습

〈그림 10〉 바지와 저고리 착용 뒷모습

③ 조끼

조끼(그림 11, 그림 12)는 궁중과 마찬가지로 남색으로 만들며, 화문(花紋)이나 길상어문(吉祥語紋)을 금박으로 찍기도 한다.

조끼는 저고리보다 약간 길게 만들어야 한다. 여름에는 숙고사로 짓고 겨울에는 양단을 쓴다.

〈그림 11〉 조끼 앞면

〈그림 12〉 조끼 뒷면

④ 마고자

마고자(그림 13, 그림 14)는 저고리와 모양이 비슷하나 깃이 달리지 않고 앞 중심에서 맞대어 천도 모양의 단추를 달아 여민다.

마고자의 색은 연두색이나 진분홍색이 많고 소매는 색동을 달기도 한다. 색동마고자의 끝동은 남색과 같은 짙은 빛으로 하는데 이것은 소매 부리를 더러움이 덜 타는 색으로 하려는 실용의 미(美)이다.

마고자는 조끼보다 약간 길어야 한다. 봄·가을에는 국사, 여름에는 생고사, 겨울에는 양단을 이용해서 만든다.

〈그림 13〉 색동마고자

〈그림 14〉 진분홍색 마고자

⑤ 오방장두루마기

오방장두루마기(그림 15)는 오색(五色) 즉 다섯 가지의 색을 기본으로 한다.

남아의 오방장두루마기는 연두색의 길, 노란색의 곁섶, 진분홍색의 안섶, 자주색의 무, 남색의 깃·고름·끝동으로 되어 있다. 안감은 연분홍색으로 바느질한다. 참고로 여아의 오방장두루마기는 남색의 무를 사용하고 깃·고름·끝동을 자주색으로 만들어 구분한다.

고름은 저고리와 마찬가지로 돌띠로 하며, 소매는 색동으로 한다. 봄·가을에는 숙고사, 여름에는 갑사나 생고사, 겨울에는 양단이나 명주를 쓴다.

〈그림 15〉 남아의 오방장두루마기

⑥ 전복

궁중의 쾌자와 유사한 형태인 전복(그림 16)은 숙고사나 갑사를 사용해 홑옷으로 짓는다. 이는 소매가 없고, 앞뒤와 양옆을 터서 아기가 활동하기에 편하게 되어 있다.

전복은 남색으로 만드는데 수복강녕(壽福康寧), 인의예지(仁義禮智), 효제충신(孝悌忠信) 등의 길상어문(吉祥語紋)과 화문(花紋), 박쥐문29) 등으로 금박을 한다.

이 같은 전복은 오방장두루마기 위에 입히게 되므로 두루마기보다는 약간 긴 것이 좋다(그림 17). 전복을 입힌 위에는 다홍색 술띠나 십장생을 수놓은 돌띠를 매어 준다.

---

29) 박쥐는 장수의 상징물로 여겨져 왔으며, 박쥐를 뜻하는 한자 '복(蝠)'은 '복(福)'과 그 발음이 같아 복식이나 가구의 문양으로 많이 이용되었다.

〈그림 16〉 전복

〈그림 17〉 오방장두루마기와 전복

⑦ 사규삼

궁중에서는 사계삼으로 지칭되었던 옷이다. 일부 상류층에서도 입혔던 사규삼(그림 18)은 곧은 맞깃에 소매가 넓고 무가 없는 형태이다.

사규삼은 분홍색 혹은 연두색으로 만들며, 깃·수구·도련·양옆의 트인 곳에는 선단을 두른다. 대개 분홍 사규삼에는 자주색 선단, 연두 사규삼에는 흑색 선단으로 한다. 이들 선단에는 박쥐문, 화문, 길상어문 등으로 금박을 한다.

두루마기 위에 사규삼을 입힌 뒤 역시 다홍색 술띠를 매어 준다.

〈그림 18〉 사규삼

⑧ 복건

복건(그림 19)은 궁중에서도 쓰개류로 활용되었던 남아의 모자
이다. 한 폭의 천으로 만들기 때문에 폭건(幅巾)이라고도 한다.

복건은 갑사 혹은 숙고사로 겉은 흑색, 안은 남색으로 만들며,
전복과 마찬가지로 길상어문(吉祥語紋)을 금박으로 장식한다.

〈그림 19〉 복건

⑨ 호건

호건(그림 20)은 복건을 대신해 남아에게 씌우는 모자이다.

호건은 호랑이의 귀, 눈썹, 눈, 수염, 이빨 등을 모자에 수놓은 데서 이름이 붙여졌다. 이와 같은 호랑이의 얼굴을 수놓은 것은 용감하고 씩씩하며, 건강하기를 바라는 염원과 더불어 나쁜 기운을 쫓는 의미를 지닌다.

호건 역시 겉은 흑색, 안은 남색으로 하며, 호건의 앞단 좌우에는 인의예지와 효제충신을, 아랫단에는 만수무강을, 끈에는 수복강녕의 길상어문으로 금박을 한다.

〈그림 20〉 호건

⑩ 타래버선

궁중에서는 오목이로 지칭되었으나 반가에서는 타래버선(그림

21)으로 불린다. 아기용 타래버선은 솜을 두어 누벼서 통째로 빨아 신길 수 있다.

남아의 타래버선은 버선목을 누빈 뒤 남빛 선을 두른다. 버선코 끝에 명주실로 상모를 달고, 버선 뒤쪽에는 남색 대님을 붙여 둔다. 광목이나 서양목(당목)으로 만든다.

⑪ 신

남아의 신은 연두색이나 남색 바탕의 태사혜(그림 21)를 준비한다.

〈그림 21〉 남아의 타래버선과 태사혜

⑫ 주머니

궁중에서와 마찬가지로 반가에서도 십장생이나 수복(壽福) 등 길상(吉祥)의 문양을 정성스럽게 수놓은 수주머니나 오방(五方)³⁰⁾ 주머니(그림 22)를 만들어 아기의 술띠에 채워 준다.

〈그림 22〉 오방주머니

---

30) 오방(五方)은 동서남북과 중앙을 가리키며, 이는 오색(五色)과도 관련된다. 즉, 동쪽은 청색, 서쪽은 백색, 남쪽은 적색, 북쪽은 흑색, 중앙은 황색을 상징하며 이러한 오방과 오색은 아기의 조화로운 성장발달과 행복을 바라는 뜻을 담고 있다.

(2) 여아의 돌복식

① 풍차바지

여아의 풍차바지(그림 23)는 숙고사나 명주로 만든 분홍색 속바
지이다.

조끼허리를 달아 주되, 풍차의 여미는 것은 치마와 반대방향으
로 한다. 여아의 풍차바지에는 대님을 달지 않는다.

〈그림 23〉 여아의 풍차바지

② 치마

반가에서 여아의 치마(그림 24)는 노란색 속치마를 다홍색이나 꽃분홍색 겉치마의 조끼허리에 한데 껴서 다는 것이 특징이다. 이때 속치마는 겉치마보다 폭과 길이를 약간 줄여서 만든다. 겉치마에는 금박으로 스란을 한다.

봄·가을에는 숙고사나 국사, 여름에는 생고사, 겨울에는 양단으로 만든다.

③ 저고리

저고리(그림 24)는 노란색이나 연두색의 길로 하며, 소매는 삼색동을 달기도 한다.

깃·고름·끝동은 자주색으로 하고, 화문으로 금박을 한다. 이 가운데 저고리의 고름은 남아와 같이 돌띠로 하기도 한다.

치마와 마찬가지로 봄·가을에는 숙고사나 국사, 여름에는 생고사, 겨울에는 양단을 사용해 짓는다.

〈그림 24〉 치마와 저고리

④ 당의

궁중의 덕혜옹주와 정혜아기의 것과 마찬가지로 일부 반가에서 도 당의(그림 25)를 마련했다.

당의의 길은 연두색으로 하고, 소매는 색동으로 만든다. 깃·고 름·끝동은 자주색으로 하며 화문(花紋)과 길상어문(吉祥語紋)으로 금박을 한다.

봄·가을은 숙고사, 여름은 생고사나 순인, 겨울에는 양단을 쓴다.

〈그림 25〉 당의

⑤ 오방장두루마기

여아에게도 당의 대신 오방장두루마기(그림 26)를 입힐 수 있었다.

여아용 오방장두루마기의 길은 연두색, 겉섶은 노란색, 안섶은 진분홍색, 무는 남색, 깃·고름·끝동은 자주색으로 만든다.

고름은 저고리와 마찬가지로 돌띠로 하며, 소매는 색동으로 한다.

〈그림 26〉 여아의 오방장두루마기

⑥ 굴레

굴레(그림 27)는 여러 색으로 색
동을 모아 머리 형태를 만들고 끈
을 달아 앞으로 묶게 되어 있다.

굴레의 맨 꼭대기 부분에는 다
섯 개의 꽃잎처럼 오화형(五花形)
을 만들어 꽃을 수놓고, 옥판(玉板)
을 머리 한복판에 달고 구슬(밀화,
비취, 산호, 진주)로 장식을 한다.
모부(帽部)에는 길상어문(吉祥語紋)
으로 금박을 한다. 뒤 한가운데
끝에는 자주색으로 도투락댕기를
달고 박쥐문이나 화문으로 금박을
한다.

〈그림 27〉 굴레

봄·가을은 숙고사, 여름은 생고사, 겨울은 양단을 이용해서 만
든다.

⑦ 조바위

반가에서 굴레 대신 여아에게 씌우는 모자로 조바위(그림 28)가 있다. 이는 성인의 것과 형태는 같으나 조바위 뒤쪽에 도투락댕기를 달기도 한다.

조바위의 겉감은 흑색이나 자주색, 안감은 자주색이나 남색으로 한다. 봄에는 숙고사, 겨울에는 양단으로 만든다.

조바위의 앞에는 오봉술을, 뒤쪽에는 삼봉술을 단다. 조바위 위에는 산호 구슬을 늘어뜨려 장식을 한다. 착용하면 앞이마와 귀, 뒷머리 전체를 덮는다.

〈그림 28〉 조바위

⑧ 타래버선

여아의 타래버선(그림 29)은 버선목을 누빈 뒤 다홍빛 선을 두른다. 버선코 끝에 명주실로 상모를 달고, 버선 뒤쪽에는 다홍색 대님을 붙여 둔다.

⑨ 신

여아의 신으로는 다홍색이나 연두색 바탕의 운혜(그림 29) 혹은 당혜를 마련한다.

〈그림 29〉 여아의 타래버선과 운혜

⑩ 노리개

여아의 당의에는 아기용 소삼작노리개(그림 30)를 채워 준다.

〈그림 30〉 나비 소삼작노리개

## 2. 용구

옛 문헌을 통해 탐색한 궁중과 반가의 첫돌 모습과 더불어 첫돌의 용구를 연구한 한국전통생활문화학회(1998)의 『출생에서 돌까지』의 내용을 토대로 돌상차림을 위해 마련되었던 돌잡이 용구들에 대해 살펴보기로 한다.

시대는 변했지만 여기에 제시하는 대다수는 오늘날에도 아기의 돌잡이 용구로 활용되고 있다. 이 중 한두 가지라도 부모가 의미를 되새기며 첫돌 아기를 위해 직접 만들어 준다면 마음이 담긴 준비가 될 것이다.


### 1) 종이·먹·붓

문방사우(文房四友)에 속하는 종이, 먹, 붓을 돌상에 놓는 것은 장래에 문장이 뛰어나고 학문이 발전하는 인재가 되기를 바라는 의미를 지닌다.

앞서 『승정원일기』를 비롯하여 『양아록』, 『한수재집』, 『성호사

설』에도 돌잡이 용구로 붓, 먹, 종이 등에 대한 기록이 포함되어
있었다.

　이 가운데 『승정원일기』에는 첫돌을 맞이한 원자가 붓을 집어
들어 종이에 글씨를 쓰는 듯하자 뒷날 학문을 좋아할 것이라는
헤아림이 제시되었고, 『양아록』에는 여러 가지 장난감 중 붓과 먹
을 집은 손자를 보고 문장을 업으로 삼을 사람이 될 것이라는 할
아버지의 흐뭇한 예견이 제시되었었다.

　이렇듯 돌잡이 용구로 준비하는 문방사우 중 종이는 겉을 색종
이로 다시 말아 색 두루마리로 놓기도 하고 색 간지를 마련하기
도 했다. 붓 역시 돌상에 놓을 때는 겉을 색종이로 꾸며 아기의
눈에 띄기 쉽게 준비하였다.

## 2) 돈

　『조선의 상식』에도 제시되었던 부귀의 뜻을 지닌 돈은 엽전을
붉은 실에 꿰어 두 묶음을 만든 뒤 다시 하나로 묶어 놓았다.

이렇게 두 묶음을 해 놓는 것은 아기가 두 살이 시작됨을 상징하는 것이었다.

## 3) 보배

『성호사설』에는 중국의 『안씨가훈』을 인용하여 돌상에 보배를 놓는다고 하였다.

다른 문헌들에서는 구체적인 예를 찾을 수 없었으나 『양아록』에 금과 옥으로 장식한 품대인 투환과 나무를 깎아 만든 인장 등이 돌잡이 용구로 등장한 것으로 보아 이는 앞으로 아기가 관직에 나가 귀한 사람이 되기를 바라는 뜻을 함축하고 있는 것이라고 하겠다.

## 4) 책

책(그림 31)도 앞으로 학문이 발전하라는 의미에서 돌상 위에 놓아 주던 것이다.

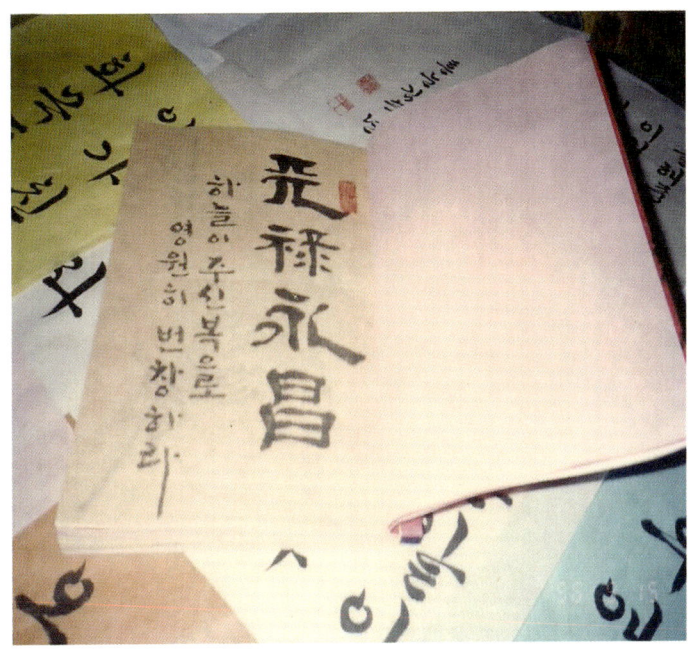

〈그림 31〉 아기를 위해 조부모가 써 주신 책

이덕무의 『청장관전서』에 기록되었던 바와 같이 부모나 조부모가 직접 『천자문』과 같은 글자 책을 써서 놓기도 하고 필체가 좋은 분들의 글씨를 받아 책으로 묶어 놓기도 하였다.

돌상에 마련해 놓은 책으로는 『천자문』 외에도 『소학』, 『동몽선습』, 『격몽요결』, 『명심보감』 등이 대표적이었을 것이다. 여아인 경우 반절(언문)을 써서 준비하기도 했다.

## 5) 실

『실록』, 『성호사설』, 『조선의 상식』 등에 기록된 돌잡이 용구로 장수를 기원하는 실(그림 32)은 흰색 무명실과 채색 실(청홍색의 타래실)을 마련해 놓았다.

〈그림 32〉 무명실과 청홍타래실

## 6) 활과 화살

궁중과 반가 모두 남아의 돌잡이 용구로 활과 화살(그림 33)이 쓰였다. 이때 뽕나무 혹은 앵두나무로 만든 활과 쑥대로 된 화살을 마련하였는데, 여기서 뽕나무[桑]는 모든 나무 중에 근본이 된다는 뜻을, 쑥[蓬]은 어려움을 막는다는 뜻을, 앵두나무[櫻]는 과실 중 가장 먼저 익어 일찍 좋은 결실을 맺는다는 뜻을 담고 있다.

『양아록』에는 돌상 위의 물건 중 활을 집은 손자를 보고 앞으로 사방(四方)에 뜻을 두어야 하니 문장과 더불어 강건하고 무예가 뛰어나기를 기원하는 할아버지의 덕담이 제시되었었다.

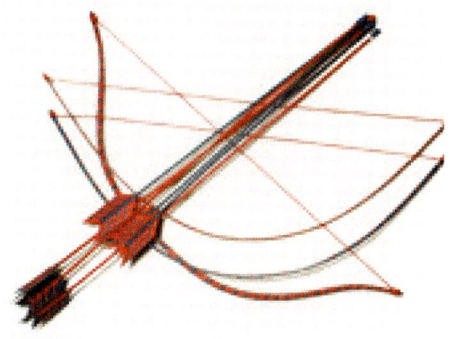

〈그림 33〉 활과 화살

## 7) 신

첫돌이 되면 건강한 아기는 아장아장 걸음마를 시작하거나 무언가를 잡고 걸을 수 있게 된다. 이를 기뻐하며 외가에서 신을 선물로 마련해서 돌상에 놓기도 하였다.

## 8) 자와 가위

『성호사설』에는 여아의 돌잡이 용구로 자와 가위가 제시되었다.

이는 앞으로 솜씨 있는 사람이 되길 바라는 의미에서 빛깔이 곱거나 색스럽게 꾸민 자 그리고 예쁜 가위집에 조그마한 가위를 넣어 준비하였을 것이다.

이상에서 살펴본 돌잡이 용구의 내용을 토대로 하면 남아와 여아의 돌잡이 용구 준비에서 가장 큰 차이는 남아의 경우 활과 화살을, 여아의 경우 자와 가위 등을 마련하는 것에 있다고 하겠다.

이에 대한 이해를 돕기 위해 남아와 여아의 돌상을 구분하여 돌잡이 용구가 상 위에 놓여 있는 모습을 <그림 34>와 <그림 35>로 재현해 보았다.

〈그림 34〉 활과 화살이 놓인 남아의 돌상

〈그림 35〉 자가 놓인 여아의 돌상

　이들 남아와 여아의 돌상에 놓이는 용구들은 앞서 옛 문헌을
통해 궁중과 반가의 첫돌 모습을 탐색해 본 바와 같이 아기에게
는 모두 장난감과 같은 물건이었다.

　따라서 아기가 다칠 수 있는 위험한 용구들은 피해 안전을 우
선했으며, 손에 잡기 쉽도록 크기를 감안하면서 색스럽게 꾸며 색
감을 발달시키는 데 교육적으로 활용되기도 했다.

# 3. 음식

옛 문헌에서 살펴본 궁중과 반가의 첫돌 기록과 한국전통생활
문화학회(1998)의 『출생에서 돌까지』의 내용을 토대로 돌상과 곁
반의 음식에 대해 설명하고 이를 실물로 재현하기로 한다.

## 1) 돌상의 음식

첫돌이 된 아기를 위해 마련하는 돌상의 음식에서 중심이 되는
것은 아기의 건강한 성장과 행복을 축원하는 의미가 담긴 떡, 국
수, 쌀, 과일 등이다.

### (1) 떡

돌상의 음식 중 떡은 백설기, 붉은 팥고물을 묻힌 수수경단, 송
편, 인절미 등을 준비하는데 이 가운데 백설기와 수수경단은 꼭
해 주는 것으로 되어 있었다.

백설기는 신성함과 정결함을 상징하는 뜻에서뿐만 아니라 장수
의 뜻을 지니고 있다.

수수경단은 붉은색이 나쁜 기운을 막아 무탈하고 건강하게 잘 자랄 수 있도록 기원하는 의미를 내포하였다. 이 같은 수수경단은 아이가 열 살 될 때까지 매년 생일마다 해 주는 관례가 있어 왔다.

인절미는 찰 기운이 있는 음식으로 끈기 있고 굳건하게 크라는 뜻에서 해 주었다.

송편은 속이 빈 것과 속을 넣은 것 두 종류로 하여 속을 넣어 만든 것은 속이 꼭 차라는 뜻에서, 속이 빈 것은 마음이 넓은 사람이 되라는 뜻에서 빚었다.

이를 보면 떡 하나하나에 아기의 건강과 복을 기원하는 정성이 깃들어 있음을 알 수 있다.

여러 가지 떡을 돌상 위에 놓을 때는 나무로 된 둥글고 납작한 이반에 보기 좋게 수북이 담아 놓았다.

(2) 국수

『조선의 상식』에도 제시된 바 있는 장수의 뜻을 지닌 국수(메

밀국수 혹은 밀국수)는 삶아 사리를 지어 대접에 담는다. 이때 대접에 뜨거운 국물은 담지 않고, 대신 참기름과 소금으로 간을 한 뒤 국수의 가운데를 데친 미나리[31]로 묶거나 계란 황백지단으로 고명을 얹었다.

### (3) 쌀

쌀은 반듯한 것을 골라 깨끗하게 씻은 후 말려서 준비한다.

『양아록』에 쌀을 움켜 입에 털어 놓고 두세 번 맛을 본 아기를 향해 할아버지가 백성들의 명맥은 곡식에 달려 있다고 한 것으로 보아 쌀은 식복(食福)을 의미하는 것으로 이해된다.

『조선의 상식』에도 곡식은 부(富)를 상징하는 것으로 나타난다.

---

31) 조후종과 윤숙자(2002)는 물이 어리는 축축한 땅에서는 어디서나 잘 자라고 1년 내내 자랄 수 있는 식물인 미나리가 끈질긴 생명력과 번식력이 강한 식물의 대명사이기에 미나리가 지닌 생명력은 장수를 의미하고 번식력은 자손의 번창을 뜻하는 것으로 보았다. 궁중에서도 미나리를 가지런히 다듬어 붉은 실로 묶어 돌상 위에 올려놓기도 하였다. 이 역시 미나리처럼 사철 푸르고 수명이 길기를 염원하는 뜻이 담긴 것이다.

### (4) 대추

자손을 상징하는 대추는 알이 굵고 빛깔이 좋은 것으로 골라 물에 헹궈 깨끗하게 해서 그릇에 담아 상 위에 놓았다.

### (5) 과일

대추 외에 돌상 위에 놓는 과일로는 사과, 배 등 제철 과일 2~3가지를 크고 좋은 것으로 선택했다.

## 2) 곁반의 음식

아기의 돌상 옆에는 곁반을 놓아 반상차림을 해 주었다.

궁중에서 첫돌의 반상음식으로 무엇을 마련했었는지를 추측할 수 있는 자료로 소화 7년(1932년) 12월 왕실에서 내린 한글로 된 반상목록이 남아 있다(그림 36).

목록의 내용을 보면 수저수낭 1, 은수저 1벌, 은사시 1, 은창 1, 은수라기 1, 은탕기 1, 은시접 1, 은차주발 1, 은쟁반 1, 은다관 1,

은조치보 1, 은침채보 1, 은쟁첩 5, 은종지 3, 은토구 1, 수라반 2
가 기록되어 있다.

이를 보면 밥, 국, 찌개, 김치, 장류 외에 오첩반상 차림으로 반
찬 다섯 가지를 마련해 각각 쟁첩에 담았음을 알 수 있다. 이 외
에 차를 마실 수 있는 준비도 되어 있던 것으로 보인다.

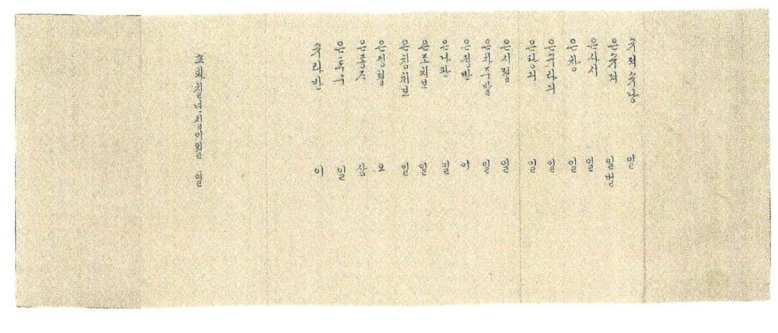

자료: 『영친왕일가복식』

〈그림 36〉 소화 7년 12월 반상목록

반가에서도 아기의 첫돌 때 돌상 옆에 작은 둥근 곁반(그림 37)을 놓고 반상을 준비하였다. 상 위에는 흰밥, 미역국, 간장, 김치(나박김치, 백김치, 백오이소박이 등), 나물(미나리나물, 시금치나물, 숙주나물이나 콩나물, 고비나물, 도라지나물, 월과채32) 등), 전(호박전, 생선전 등), 조림(두부조림, 감자조림 등), 찜(사태찜, 가리찜 등), 구이(너비아니구이, 섭산적33) 등), 자반(오징어채, 북어피움34) 등), 장아찌(무장아찌, 오이장아찌 등)와 같이 부드럽고 맵지 않은 것을 위주로 하여 아기의 생일 반상을 마련했다(그림 38).

---

32) 월과채는 애호박, 쇠고기, 버섯 등을 각각 볶아 채친 찰부꾸미와 함께 무친 나물이다. 만드는 방법으로는 애호박을 반으로 쪼개어 속을 빼고 곱게 채를 썬 후 소금에 살짝 절여 꼭 짠 다음 마늘, 파를 조금 넣고 볶는다. 쇠고기는 곱게 다져 양념해서 볶는다. 표고버섯과 느타리버섯은 손질하여 채 썰어 간장과 다진 파, 마늘을 약간 넣고 볶아, 애호박과 쇠고기를 함께 섞는다. 찹쌀가루에 소금을 넣고 반죽해서 얇게 찰부꾸미를 부쳐 식힌 다음 채를 썰어 준비한 애호박, 쇠고기, 버섯과 함께 무쳐 소금으로 간을 맞춘다. 그릇에 담아 고명으로 잣가루를 뿌려 낸다.

33) 섭산적은 다진 쇠고기와 두부를 양념하여 빚어서 구운 음식이다. 먼저 쇠고기는 다져서 양념하고 두부는 꼭 짜서 양념한다. 이 둘을 합쳐 잘 버무린 후 타원형으로 자그마하게 만들어 굽는다. 고기가 식은 뒤에 썰어서 담고 위에 잣가루를 뿌린다.

34) 북어피움은 가늘게 뜯어 보풀린 북어(황태)를 양념에 무친 밑반찬의 일종이다. 만드는 방법은 마른 북어를 물에 잠깐 담갔다가 두들긴 뒤 머리를 자르고 껍질을 벗긴다. 뼈 없이 굵직하게 뜯은 다음 다시 가늘고 곱게 뜯어서 가위로 잘라 손바닥으로 비벼 부드러운 보푸라기를 만든다. 여기에 참기름, 설탕, 소금, 깨소금, 흰 후춧가루를 넣어 무치면 흰색, 후춧가루를 넣으면 거무스름한 색, 고춧가루를 넣으면 붉은색이 되어 세 가지를 색스럽게 담아낸다.

〈그림 37〉 첫돌 곁반의 반상차림

▲ 두부조림 　　　　　　　　　　▲ 북어피움과 섭산적

▲ 삼색 나물 　　　　　　　　　　▲ 월과채

▲ 나박김치 　　　　　　　　　　▲ 백김치

〈그림 38〉 첫돌 곁반의 음식

# 제4장 첫돌의례의 과정

앞서 살펴본 제2장과 제3장의 내용에 의거하여

아기 첫돌의례에 필요한 실물을 재현하여 과정을

함께 따라가 보기로 한다.

# 1. 돌상 차리기

돌상은 첫돌이 된 아기를 축하하기 위해 마련하는 상차림으로 지나치게 호사스럽거나 화려한 것이 아닌 무엇보다 정성된 마음으로 정갈하고 조촐하게 준비하였다.

조선시대 문헌에서 살펴본 바와 같이 궁중에서는 백완반(百玩盤), 반가에서는 수반(晬盤)이라고 돌상을 지칭하였다.

돌상으로 궁중에서는 주칠(朱漆)[35] 원반(原盤)을, 반가에서는 옻칠[36]을 한 원반을 많이 썼다. 이렇듯 원반 즉 모가 없는 둥근상을

---

35) 주칠은 궁중에서만 사용된 붉은색의 칠을 가리킨다.
36) 옻칠은 윤을 내기 위하여 소반이나 가구에 옻을 바르는 일이다.

사용한 것은 아기가 넘어져도 다치지 않게 하기 위한 배려였으며, 성장이 원만하기를 바라는 뜻이기도 했다.

돌상은 상의 가장자리인 변죽이 다른 소반보다 높다. 이 변죽은 걸음마를 하는 아기가 붙들고 걷기에 도움이 되고, 돌상 위에 놓인 용구들을 가지고 놀아도 흩어짐이 적다.

돌상을 차릴 때 먼저 상 전체에 깨끗한 쌀을 펴 놓는다.

돌상 위에 떡과 과일 등의 음식을 놓을 때는 혼례나 회갑에서처럼 높이 괴는 큰상차림이 아니어서 목기와 같이 깨지지 않는 그릇에 수북이 담는다.

국수는 대접, 대추는 밥그릇에 담아 돌상 위에 올려놓는다.

돌잡이 용구로는 종이, 먹, 붓, 책, 실, 돈 등을 둥근 나무로 된 쟁반에 모아서 담아 놓는다. 여기에 남아인 경우는 활과 화살, 여아인 경우는 자를 함께 놓는다.

돌상(그림 39, 그림 40) 옆에는 작고 둥근 곁반을 놓아 아기의 생일 반상을 마련한다. 이때 부모는 아기를 위해 밥그릇과 국그릇, 수저를 미리 준비해 놓는다. 이는 반상에서 먹을 때 자기 혼자만 사용하는 식기가 되며, 가장 기본이 되는 반상차림에서 음식을 먹는 예절교육이 이루어지기 시작됨을 상징하듯 이것을 놓아준다.

〈그림 39〉 남아의 돌상과 반상차림

〈그림 40〉 여아의 돌상과 반상차림

# 2. 돌복 입히기

남아와 여아에게 돌복을 입히는 과정을 순서별로 제시하기로
한다.

## 1) 남아

### (1) 바지와 저고리 입히기

아기에게 타래버선을 신긴 후 연보라색 풍차바지를 입히고, 바지에 부착되어 있는 대님을 매어 준다.

옥색 저고리를 입히고 나서 긴 고름을 돌띠로 한 바퀴 돌려 앞에서 고름을 매어 준다(그림 41).

〈그림 41〉 바지와 저고리 입히기

## (2) 조끼 입히기

저고리 위에 남색 조끼를 입히고 단추를 여민다(그림 42).

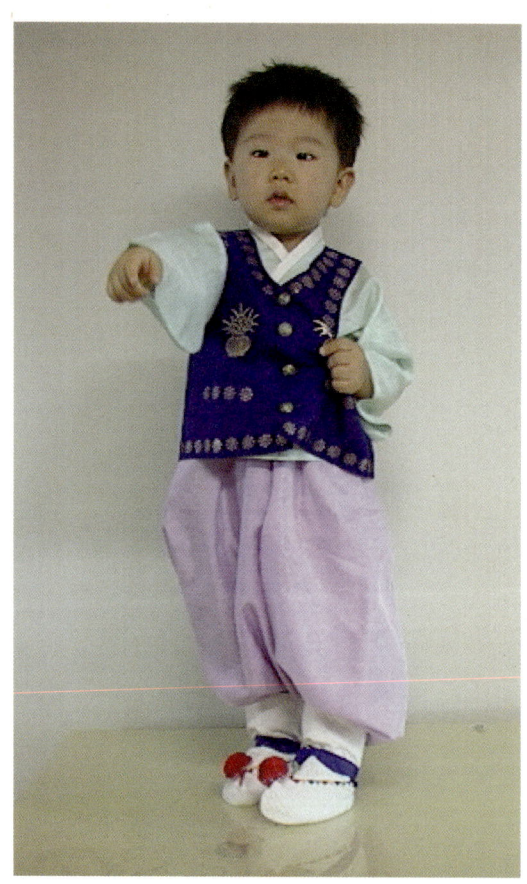

〈**그림 42**〉 조끼 입히기

(3) 마고자 입히기

조끼 위에 마고자를 입힌다(그림 43).

〈그림 43〉 마고자 입히기

(4) 오방장두루마기 입히기

아기에게 오방장두루마기를 입히고 돌띠를 돌려 고름을 매어
준다(그림 44, 그림 45).

〈그림 44〉 오방장두루마기 입히기(앞)   〈그림 45〉 오방장두루마기 입히기(뒤)

### (5) 전복 입히기

오방장두루마기 위에 남색 전복을 입히고 술띠를 매어 준다(그
림 46).

〈그림 46〉 전복 입히기

## (6) 호건 씌우기

머리에는 호건을 씌우고, 양옆의 끈을 뒤로 돌려 매어 준다(그림 47, 그림 48).

〈그림 47〉 호건 씌우기(앞)　　　　〈그림 48〉 호건 씌우기(뒤)

## 2) 여아

### (1) 풍차바지와 치마 입히기

아기에게 타래버선을 신긴 후 분홍색 풍차바지를 입힌다. 그 위에 노란색 속치마를 한 조끼허리에 단 다홍색 치마를 입힌다(그림 49).

〈그림 49〉 치마 입히기

(2) 저고리 입히기

치마 위에 저고리를 입힌다(그림 50). 저고리의 동정니를 잘 맞
춘 후 앞에서 고름을 매어 준다.

〈그림 50〉 저고리 입히기

## (3) 당의나 오방장두루마기 입히기

저고리 위에 당의를 입힌다(그림 51). 혹은 오방장두루마기를 입히고 돌띠를 매어 준다(그림 52).

〈그림 51〉 당의 입히기

〈그림 52〉 오방장두루마기에 돌띠 매어 주기

## (4) 조바위나 굴레 씌우기

머리에는 조바위(그림 53)나 굴레(그림 54)를 씌운다.

〈그림 53〉 조바위 씌우기

〈그림 54〉 굴레 씌우기

# 3. 돌잡이하기

첫돌이 되는 아기를 위한 돌상을 마련하고 옷을 입히고 나면 돌잡이를 한다.

과거의 풍습으로 남아가 돌을 맞이한 경우에는 돌을 잡히기 전 아버지 혹은 할아버지가 아기와 함께 활과 화살을 갖고 밖으로 나가 화살을 천·지·동·서·남·북의 방향으로 쏘아 보냈다 (그림 55). 이는 『예기(禮記)』에 천지(天地)와 사방(四方)은 남자의 일이 있는 곳으로 천지사방으로 그 뜻을 펼쳐 가는 사람이 되기를 축원하는 것이었다.

자료: 『출생에서 돌까지』 전시

〈그림 55〉 활쏘기

이제 아기를 상 앞에 앉혀 돌잡이를 행한다. 돌잡이는 아기가 자기의 의사에 따라 돌상 위에서 가지고 싶은 물건을 집어 놀도록 하는 것인데 이를 통해 아기의 장래를 예견한다.

돌잡이는 돌잔치에서 가장 흥미 있는 시간이다.

돌상 앞에 방석을 놓고 그 위에 무명 한 필을 접어 놓은 후 아기를 앉힌다. 무명은 흰 무명실과 같이 아기의 장수를 기원하는 의미이기도 하면서 빨아서 쓰기 쉬운 실용적인 면을 감안한 것이다.

아기로 하여금 돌상 위에 놓여 있는 물건을 집게 하는데 제일 먼저 집는 것과 두 번째로 집는 것을 가장 중요하게 여긴다.

그러므로 돌상을 차릴 때 자연히 부모는 아기에게 바라는 바에 따라 돌상 위에 물건을 놓음에 있어 아기가 손쉽게 잡을 수 있는 가까운 곳에 집기를 원하는 물건을 진열하는 경향이 있다(그림 56, 그림 57).

〈그림 56〉 남아의 돌잡이하기

〈그림 57〉 여아의 돌잡이하기

# 4. 돌떡 돌리기

과거에는 간단히 집안이 모여 돌을 치렀고, 돌 되는 아기의 외가와 아주 절친한 분들 외에는 여간한 손님은 청하지 않아서 많은 인원이 참석한 것은 아니었다. 이는 18세기 조선시대의 평생도[37](그림 58)에 담긴 돌잔치의 모습을 통해서도 나타난다.

그림을 보면 아마도 지난 1년간 아기의 성장을 지켜봐 온 가족과 친척, 가까운 이웃 몇몇이 오붓하게 모여 진심을 담아 아기의 첫돌을 축하했음을 알 수 있다.

---

37) 평생도(平生圖)는 사람이 태어나서 죽을 때까지 기념이 될 만한 경사스러운 일들을 골라 그린 풍속화이다.

자료: 국립중앙박물관

〈그림 58〉 평생도의 돌잔치 풍경

돌날 점심으로는 겨울에는 국수장국을 따뜻하게, 여름에는 냉면을 시원하게 만들고 여기에 잡채, 편육, 전유어, 간장, 초간장, 김치, 떡, 식혜나 화채 등을 곁들였다.

한편 『실록』과 『국조보감』을 보면 궁중에 소속한 사람들은 물론 일반 백성들에게까지 돌떡을 하사했다는 기록이 있다. 이처럼 아기가 첫돌을 맞이한 경우 궁중과 반가 모두 돌떡을 이웃에 돌리는 관습이 있어 왔다.

돌떡을 받은 사람은 첫돌 된 아기의 복록(福祿)과 장수(長壽)를 기원하는 축하의 인사말을 부모와 아기에게 건네면서 타래실, 장난감, 옷, 수저, 쌀 등의 선물로 답례하는 것이 일반적이었다.

# 맺음말

오늘날 가족보다는 외부업체가 주관하는 돌잔치가 모든 것을 대변하는 흐름에 휩쓸리다 보니 아름다운 마음이 담긴 우리 고유의 첫돌의례에 대한 추억도 기억도 하나둘 사라지고 있다. 이러한 시점에서 우리 세대가 다음 세대들에게 아기의 첫돌과 관련하여 무엇을 전해 주어야 할까를 문득 생각하게 되었다. 또한 우리의 첫돌의례문화를 담고 있는 기존 책들의 대다수가 각 저자의 연구 분야에 한정되어 첫돌의 복식이나 음식만을 부분적으로 소개해 왔던 점도 아쉬움이 남았던 것이 사실이다.

이 책의 저자들은 첫돌 아기를 위해 마련하는 복식, 용구, 음식 외에도 의례의 전체적인 과정을 종합적으로 짚어 봄으로써 첫돌에 내재되어 있는 선조들의 가치관을 재발견하고자 하였다.

이제 서두에서 던졌던 질문, 즉 선조들의 가치관에 내재되어 있던 첫돌의례문화의 내면적·본질적 의의는 무엇인가에 대한 해답을 정리해 보기로 한다.

첫째, 첫돌은 아기가 중심이 되는 아기를 위한 아기 본위의 의례였다. 생후 1년 사이에 겪게 되는 질병이나 사망의 위험으로부터 벗어나 아기가 첫돌이라는 단계에 이른 것을 기뻐하면서 그에 의례(儀禮)의 의미를 부여하여 앞으로의 건강과 행복을 기원하는 데 이 의례의 목적이 있었다. 그렇기 때문에 가까이에서 아기의 성장과정을 지켜보며 고락(苦樂)을 함께해 온 가족과 친척 그리고 이웃들(궁중의 경우 신하) 몇몇이 참석하여 진심으로 축하를 해주는 오붓한 자리가 되었던 것이다. 이러한 첫돌의 의미는 부모를 비롯한 어른들의 일회성 잔치로 비추어지고 있는 오늘날의 돌잔치를 돌아보게 한다.

현대의학의 발달로 질병이나 사망의 위험이 감소했지만 오늘날에도 아기의 건강한 삶은 가장 우선시되어야 하는 측면이다. 자칫 과시적인 행사로 그쳐 아기의 부모와 연관된 사람들에게 참석에 대한 부담감마저도 들게 하는 현 돌잔치의 모습을 직시하여 진정 아기를 위한 첫돌의 본래 의미를 상기하는 자세가 필요하다고 본다.

둘째, 첫돌은 아기의 신체적·지적·정서적 발달을 예견하면서 그에 대한 가족의 책임을 일깨우는 계기였다. 아기의 돌잡이 준비를 예로 들면 돌상 위에 놓는 타래실과 신은 건강한 성장을, 종이·먹·붓과 책은 지식과 지혜의 발달을, 용구들을 색스럽게 꾸미는 것은 색감과 따스한 정서의 함양을, 곁반의 아기용 식기와 수저는 음식예절을 하나하나 배우면서 참다운 인성을 갖추어 나가기를 바라는 뜻이 담겨 있었다. 이는 오늘날 강조되고 있는 전인적 발달의 의미와 일맥상통한다.

『양아록』의 저자 이문건은 첫돌 된 아기가 앞으로 강건하게 자라고 문장과 무예에 뛰어나기를 바람과 동시에 덕을 갖춘 어진 사람이 되어야 한다고 일기에 기록했고, 이는 아기의 성장발달에 책임을 지고 있는 모든 가족원들이 노력야 할 가르침이 되었던 것이다.

한편에선 부(富)·귀(貴)의 상징물인 돈과 보배 등을 돌상에 놓아 경제적으로 안정된 삶을 영위하고 귀한 사람이 되기를 바라는 모습이 있었지만 이와 더불어 남아에게는 활과 화살을, 여아에게는 자를 놓아 주어 앞으로 각자의 역할에 맡는 몫을 담당할 수 있기를 바라는 기원도 잊지 않았다. 이 점은 부모가 아기의 재능과 소질 계발에 관심을 갖고 교육을 위해 함께 노력해야 할 바를 주지시키는 것이라고 생각된다. 남아와 여아의 돌상에 그리 구별을 두지 않는 현 사회이지만 돌잡이를 준비할 때 아기의 전인적(全人的) 성장을 지향해 나가야 하는 가족의 교육적 책무의 중요성은 잊지 않도록 해야겠다.

셋째, 첫돌에 마련되는 상차림은 아기의 눈높이에 맞춘 놀이 교육의 장이었다. 궁중에서도 돌상을 백완반(百玩盤)이라고 하여 여러 가지 장난감이 놓인 상으로 지칭했던 것을 살펴보았다. 아기는 둥근 돌상 주위를 자유롭게 돌아다니면서 상 위에 놓여 있는 갖가지 용구들과 음식을 집어 만지고 먹으면서 다양한 감각을 활용해 체험 놀이를 할 수 있었을 것이다.

과연 지금의 돌상은 어떠한가. 아기에게는 너무나도 높은 탁자 위에 실제 먹을 수도 없는 음식 모형이나 어른의 수연상을 방불케 하는 높이 쾬 음식, 사진 촬영을 위해 놓인 화려하지만 깨지기 쉬운 그릇과 장식들, 아기에게는 위험한 물건들이 장난감을 대신하고 있는 것은 아닌지 말이다.

한편 현 사회에서 각광을 받는 직업을 반영하듯 돌잡이 용구에도 많은 변화가 일고 있다. 몇몇 전통적인 돌잡이 용구 외에도 청진기, 칫솔, 골프공, 마우스, 신용카드 등이 돌상 위에서 주역으로 자리를 잡고 있다. 그러나 한 가지 간과할 수 없는 것은 돌상차림의 용구와 음식은 아기를 위한 교육적 의미와 배려가 우선되어야지 일시적인 유행이나 부모의 과욕을 위한 전시물이어서는 안 된다는 점이다. 아기를 위해 직접 글자 책을 써서 돌상에 놓아 준 아버지의 마음을 헤아렸던 아들 이덕무의 글을 떠올리며 오늘날에도 부모가 아기에게 주고 싶은 글귀를 적어 돌상에 놓아 주면 부모와 자녀 모두에게 그 어떤 책보다 큰 교육적 가치를 지닐 것으로 생각된다.

넷째, 첫돌에 마련된 복식과 음식은 덕담을 담은 어머니의 정성과 사랑이었다. 앞에서 살펴본 돌복식에는 수복강녕(壽福康寧), 만수무강(萬壽無疆), 효제충신(孝悌忠信) 등의 글자들을 부금을 하거나 수를 놓아 마치 어머니가 아기를 향해 덕담을 하는 느낌이 든다.

마찬가지로 불로초, 구름, 바위, 물결, 거북 등의 십장생, 국화, 연꽃, 박쥐, 사자, 고두쇠, 괴불, 천도 등을 문양이나 장식으로 활용한 것 역시 아기의 장수와 순조로운 성장을 기원하는 어머니의 마음이었던 것이다.

돌복식의 색을 선택함에 있어서도 오방색이나 색동을 통해 오행(五行)의 질서처럼 아기의 성장이 원활하게 이루어지기를 기원했다. 이는 복식의 색이 빛깔로만 존재한 것이 아니고 의미로서 존재했음을 말해 준다. 한편 돌상에 마련해 놓은 떡, 국수, 쌀, 대추, 과일 등도 자신의 아기가 무탈하게 장수하기를, 의지가 굳건하며 속이 깊고 아량이 넓은 사람이 되기를, 넉넉하고 풍요로운 삶을 살기를, 대대로 자손 번창하기를 바라는 어머니의 정성어린 덕담이었던 것이다.

이제 『조선시대 첫돌의례문화』를 통해 살펴본 선조들의 첫돌이야기를 마치려 한다. 우리 선조들에게 있어 첫돌은 아기로 보면 가족의 한 구성원으로서 앞으로 다른 가족원들과 더불어 행복한 삶을 영위해 나가야 할 존재로 기약을 하게 되는 상징적 의례가 됨과 동시에 부모에게는 아기의 건강한 성장에 대한 일차적 책임의 중요성을 다시금 새기는 교육적 의례였다. 이로 보면 변치 않는 첫돌의 본질적 의의는 아기를 위한 세심한 배려와 정성을 다하는 사랑의 축원에서 찾을 수 있다.

우리 선조들이 첫돌에서 무엇을 가장 중요하게 여겼는가의 가치관을 심어 준다면 다음 세대들도 고유의 아름다운 문화로서 첫돌의례를 기억해 갈 수 있을 것이다.

우리 사회에 다문화가족들이 많아지면서 다음 세대는 한국문화에 대한 바른 이해로 정체성을 갖는 동시에 다문화주의적 관점에서 새로운 문화의 좋은 점을 받아들여 우리의 것으로 만들어 가야 하는 과제를 안게 되었다. 이에 우리 문화에 대한 바른 이해가 선행되었을 때 비교문화적 관점에서 새로운 생활문화가 통합적으로 안정적인 뿌리를 내릴 수 있다.

우리의 첫돌의례문화도 예외는 아닐 것이다. 한국의 가족들에게 있어 첫돌의례문화는 새로운 형식의 변화들을 수반하는 가운데 앞으로도 지속될 것으로 예견된다. 이에 조각 천을 조화롭게 이으면 색동이 완성되듯 우리 스스로가 첫돌의례문화의 본질을 기반으로 또 다른 조각 천을 이어 모두가 공감할 수 있는 새로운 첫 돌의례문화를 만들어 가는 노력을 기울여야 할 것이다.

저자들은 이 책을 통해 첫돌의례문화의 참다운 의의를 조명하는 데 일조하기를 기대한다. 현존하는 문헌기록이나 유물자료의 한계로 인해 일반 서민들의 첫돌에 관한 내용은 후속과제로 남기며, 향후에도 선조들의 의례문화에 담긴 의미를 현대적으로 재해석하는 작업을 지속해 나갈 것을 약속드린다.

# 참고문헌


『계곡집』.
『국조보감』.
『면암집』.
『성호사설』.
『송자대전』.
『수당집』.
『순암집』.
『승정원일기』.
『실록』.
『양촌집』.
『예기』.
『청장관전서』.
『한수재집』.

강인희(1996). 『한국의 맛』, 대한교과서주식회사.
국립고궁박물관(2010). 『영친왕일가복식』.
국립문화재연구소(1998). 『침선장』.
국립민속박물관(2003). 『20세기 생활문화를 재현한 풍속화』.
국립중앙박물관(2009). 『조선시대 향연과 의례』.
국립중앙박물관(2010). 평생도. http://www.museum.go.kr.

김용숙(2005). 『조선조 궁중풍속연구』. 일지사.

김찬웅(2008). 『선비의 육아일기를 읽다』. 글항아리.

민길자(2004). 『전통 옷감』. 대원사.

박성실(2000). "전통 아기옷에 관한 실증적 고찰", 『한국복식』 18.

백두현(2003). 『현풍곽씨언간주해』. 태학사.

석주선기념박물관(2000). 『한국전통어린이복식』. 단국대학교출판부.

신유진(2003). "조선시대 어린이복식 연구", 명지대학교대학원 석사학위
　　　논문.

심화진 외(2009). 『우리 옷 만들기』. 성신여자대학교출판부.

유희경(1989). 『한국복식사연구』. 이화여자대학교출판부.

이경자·홍나영(2001). 『한국의 옛 주머니』. 이화여자대학교출판부.

이길표(2000). 『전통가례』. 한국문화재보호재단.

이문건 저, 이상주 역주(1997). 『양아록』. 태학사.

이방자(1985). 『조선왕조 궁중의상』.

이영임(2005). "조선시대 의례복식에 나타난 상징성 연구", 중앙대학교
　　　대학원 박사학위논문.

이춘자·김귀영·박혜원(1998). 『통과의례음식』. 대원사.

조후종·윤숙자(2002). 『통과의례와 우리 음식』. 한림출판사.

조희진(1998). "첫돌복식의 착용양상과 통과의례적 의미", 단국대학교
　　　대학원 석사학위논문.

최남선 저, 최산진 해제(2007). 『조선의 상식』. 도서출판 두리미디어.

최배영·박명옥(2006). 『테마가 있는 예절이야기』. 새로운사람들.

하상효(2000). "전통어린이복식에 관한 연구". 중앙대학교대학원 석사학
　　　위논문.

한국전통생활문화학회(1998). 『출생에서 돌까지』.

**최배영**

성신여자대학교 문화산업대학원 예절다도학전공 겸임교수
사단법인 예종원 이사 · 한국전통생활문화학회 학술이사
법무부 다문화사회전문가(한국어 · 한국문화 교육)


**최경희**

중요무형문화재 제89호 침선장 사사
사단법인 한국복식과학재단 규방공예 · 전통혼례 전임강사


**이경란**

캐나다 한국전통문화원 예랑 대표
전) 성신여자대학교 가족문화 · 소비자학과 강사


아기: 구승모, 구예진, 김도현, 박규은, 백민석, 이예은
사진: 백정환

# 조건시대 첫돌의례문화
## 선조들의 첫돌 이야기

초판인쇄 | 2010년 12월 10일
초판발행 | 2010년 12월 10일

지 은 이 | 최배영·최경희·이경란
펴 낸 이 | 채종준
펴 낸 곳 | 한국학술정보㈜
주    소 | 경기도 파주시 교하읍 문발리 파주출판문화정보산업단지 513-5
전    화 | 031) 908-3181(대표)
팩    스 | 031) 908-3189
홈페이지 | http://ebook.kstudy.com
E-mail | 출판사업부 publish@kstudy.com
등    록 | 제일산-115호(2000. 6. 19)

ISBN      978-89-268-1757-5 13380 (Paper Book)
          978-89-268-1758-2 18380 (e-Book)